W0175501

Jaroslav Hašek
Die kleine Schule des großen Humors

Jaroslav Hašek

Die kleine Schule des großen Humors

Mit einem Vorwort von
Heinz Marecek

METROVERLAG

INHALT

VORWORT VON HEINZ MARECEK

Es gibt kein Buch der Weltliteratur, das ich so oft in meinem Gepäck hatte, wie »Die Abenteuer des braven Soldaten Schwejk«. Anfang der 70er Jahre wurde nämlich eine Fernsehserie nach diesem wunderbaren Buch gedreht. Ich durfte an der Seite von Fritz Muliar, der mit dem »Schwejk« wahrscheinlich seine Lebensrolle gefunden hatte, den »Einjährigfreiwilligen Marek« spielen. Dieser Marek begleitet Schwejk durch den ganzen Krieg. Wir hatten also viele gemeinsame Szenen – und für die Wartezeiten zwischendurch war ich von Muliar großzügig und liebenswürdig in seinen Wohnwagen eingeladen worden. Meine im Laufe der Monate ziemlich mitgenommene und zerfledderte Taschenbuch-Ausgabe des »Schwejk« (die sich bis heute sorgsam gehütet in meiner Bibliothek befindet) lag dort stets griffbereit herum. Wir verglichen ständig Passagen aus dem Drehbuch mit den entsprechenden Stellen im Roman und schlugen dem zauberhaft geduldigen Regisseur Wolfgang Liebeneiner immer wieder kleine Änderungen vor, die er oft auch annahm. Ich lernte als sehr junger Schauspieler während der Dreharbeiten viele neue Kollegen und spätere Freunde kennen. Neben Muliar vor allem Kurt Sowinetz als Feldkurator Katz und Heinrich Schweiger als Geheimpolizist Bretschneider. Aber ich lernte vor allem Jaroslav Hašek kennen! Ich hatte den »Schwejk« vorher nie gelesen, und als ich ihn dann vor Drehbeginn zum ersten Mal zur Hand nahm, fiel ich in dieses Buch wie in einen Brunnen. Ich konnte nicht aufhören, zu lesen. Da war jemand, der sich mit diesem Buch in die Liga von Cervantes, Swift und Twain katapultiert hatte. (Und als ich etliche Jahre später »Der Bockerer« drehte, war der Einfluss von Hašek auf das Autoren-Duo Becher & Preses eindeutig spürbar – ohne deren Verdienste um dieses prachtvolle Stück schmälern zu wollen). Aber ich war auch von der Biografie des Autors fasziniert. Was für ein Leben! Wie viel »schwejkisches« ist da passiert. Was hat dieser Mann nicht alles gemacht! Er war Hundefänger (wie sein Held) und hat genau wie er irgendwelche Promenadenmischungen mit phantasievoll gefälschten Papieren ausgestattet, saß einige Male wegen anarchistischer Betätigung – verbunden mit tätlichen Angriffen auf Polizisten – im Gefängnis, war Redakteur für eine Tierzeitung und erfand dafür einfach Tiere, über die er dann »kreativ« und ausführlich schrieb. Bei seinem wiederentdeckten »Urzeit-Floh« zerbrach sich die Fachwelt tatsächlich den Kopf; Papageien, die sich vorsätzlich besaufen, konnte man sich noch vorstellen, aber als er ernsthaft Ratschläge erteilte, wie man am besten Werwölfe züchtet, fürchteten die Herausgeber ernsthaft – und zu Recht – um den seriösen Ruf ihrer Zeitung und warfen ihn einfach hinaus. Nebenbei gründete er gemeinsam mit František Langer und ein paar Gleichgesinnten die »Partei des gemäßigten Fortschritts in den Grenzen der Gesetze«, die in ihrem Programm einige interessante Forderungen formulierte. Darunter auch die Wiedereinführung der Sklaverei, Verstaatlichung der Hausmeister, Errichtung von staatlichen Anstalten für schwachsinnige Abgeordnete, Obligatorische Einführung von Alkoholismus und ähnlich interessante Vorschläge.

In den Ersten Weltkrieg zog er als Soldat eines k. u. k. Infanterie-Regimentes, wechselte dann zur Tschechischen Legion, kam zurück als Soldat der Roten Armee und war auch noch mit einer Russin verheiratet – obwohl er zuhause eine Frau hatte, von der er wohl schon lange getrennt, aber nicht gesetzlich geschieden war.

Anarchist, Bigamist, Sohn eines Trinkers, der an den Folgen seiner Trunksucht starb – da war Jaroslav gerade einmal dreizehn Jahre alt, selbst dem alkoholischen Abusus in herzlicher Zuneigung verbunden, verfressen wie sein Baloun aus dem »Schwejk«, geradezu lächerlich übergewichtig, optisch eine frappante Mischung aus Peter Ustinov als »Nero« und Charles Laughton als »Gespenst von Canterville«. Man hat das Gefühl, er war ständig einer Frage auf der Spur: »Wie viel geht in so ein Leben eigentlich hinein?«

Er musste nichts erfinden – es nur erleben, beobachten und mitschreiben. Die Polizei, das Militär, das Gefängnis, die Beamten, die Ehemänner und deren Frauen, das hirnlose Befolgen von bizarren, oft sinn- und herzlosen Verordnungen und Dienstreglements, das dumpfe Übernehmen von gesellschaftlichen Konventionen, ohne auf die Idee zu kommen, sie je zu hinterfragen.

Ein Kondensat all dessen bildet das vorliegende Buch. Hier ist einfach alles drin, was Satire will, soll und kann. Er las auch gerne Teile seiner kleinen Geschichten im Gasthaus vor, beobachtete die Reaktionen der Zuhörer und nahm bereitwillig Verbesserungsvorschläge an. Was für eine hübsche Idee! Oder wie mein Freund Alfred Böhm – als Satiriker von Geblüt wäre er vielleicht selbst einmal ein sehr guter Schwejk gewesen – es formuliert hat: »Man lernt im Gasthaus bei einem Achtel Wein mehr Menschen kennen als zuhause bei einem Kübel Wasser.«

Ein Satz, der durchaus von Schwejk sein könnte. In diesem Sinn: Viel Spaß beim Lesen der »Kleinen Schule des großen Humors«!

1. Lektion

Einführung in die Kunst des Vorworts

EINFÜHRUNG UND VORWORT
DES AUTORS

Ein Buch mit einem Vorwort zu versehen, gehört zu den interessantesten literarischen Aufgaben.

Im Vorwort wird der literarische Wert eines Werkes gewürdigt. Gewöhnlich läßt sich der Autor in diesen Zeilen von einem Freund ein Loblied auf sein Schaffen singen.

Das Buch, das hiermit den geschätzten Lesern vorgelegt wird, ist wahrhaft geistvoll geschrieben und gehört durch die treffliche Auswahl der hier veröffentlichten Arbeiten, ihren künstlerischen Wert, die hervorragende Ausstattung sowie die Qualität des Papiers zu den größten Denkmälern der Weltliteratur.

Daher bitte ich die geschätzten Leser, nichts auf die verschiedenen Kritiken zu geben, die nicht mit dem übereinstimmen, was ich hier im Voraus behauptet habe.

Ich bin davon überzeugt, dass dieses Buch des beliebten Autors wegen der edlen Tendenz, des brillanten Stils und der sprachlichen Schönheit volles Verständnis, hohe Anerkennung und weite Verbreitung finden wird.

Deshalb bitte ich die geschätzten Leser ehrerbietig, nicht die Kritiken zu beachten, die sicher versuchen werden, anders zu urteilen.

Und nochmals bitte ich die geschätzten Leser, den Leuten, die dieses Buch schmähen sollten, nicht auf den Leim zu kriechen.

Sollte jemand einwenden, wieso es komme, dass ich selbst mein Buch in den Himmel hebe, kann ich erwidern: Wenn einer etwas schreibt, steht er dem entschieden näher als irgendein abseitiger Kritiker.

Da ich eine überaus sorgfältige Erziehung genossen und in der Welt allerlei erlebt habe, kann ich nicht umhin, die Leser mit den von mir gewonnenen Erfahrungen bekannt zu machen.

Mir liegt sehr viel daran, das P. T. Publikum davon zu unterrichten, welch sonderbare Dinge sich in der Welt ereignen, damit die Leser nach der Lektüre dieses Buches neue Kraft und neue Liebe zum Leben schöpfen und sich auf unserer unglücklichen Erdkugel bewegen können, ohne die Hoffnung zu verlieren.

Ich habe diese Auswahl sehr sorgfältig getroffen und habe nicht versäumt, die besten meiner Arbeiten aufzunehmen, um für einen geringen Betrag breitesten Bevölkerungsschichten Unterhaltung und Belehrung zu vermitteln.

Ich möchte wünschen, dass dieses Werk in die Hände aller Lehrer gelangt und dass es zu einem Erziehungsbuch für unsere junge Generation wird.

Dass dieses Buch keine Widmung trägt, ist einzig und allein die Schuld der Leute, die mir eine zu schäbige Summe angeboten haben, für die ich es nicht widmen sollte. Auf solch niederträchtige Vorschläge konnte ich nicht eingehen.

Bei dieser Gelegenheit erlaube ich mir, die geschätzten Leser darauf aufmerksam zu machen, dass ich für einen gewissen Betrag das Buch mit meiner eigenhändigen Unterschrift und einer Widmung versehe, und zwar nach folgender Taxe:

»Meinem lieben Freunde gewidmet« kostet mit eigenhändiger Unterschrift 50 Kronen.

»Meinem teuren Freunde gewidmet« kostet mit eigenhändiger Unterschrift 100 Kronen.

»Zur Erinnerung an treue Freundschaft« kostet mit eigenhändiger Unterschrift 200 Kronen.

»Meinem liebsten Freunde zur Erinnerung an treueste Freundschaft« kostet mit eigenhändiger Unterschrift, mit Tusche geschrieben, die auch nach Jahren nicht verblasst, nur 500 Kronen.

Mit vorzüglicher Hochachtung
Der Autor

SCHWIERIGKEITEN MIT DER LITERARISCHEN PRODUKTION

Heute sind die Verhältnisse für Schriftsteller weit besser als vor dem Kriege. Arbeitet ein Schriftsteller heute fleißig und versteht er hauszuhalten, so hat er immer genügend Geld, um seine Zuteilung an Mehl, Brot, Zucker und Tabak holen zu können, und dabei bleibt ihm noch so viel, dass er einmal im Monat ins Theater gehen kann. Ist er kein Abstinenzler, sondern hält er ein Gläschen Wein für eine besondere Delikatesse, oder behagt ihm gar der Geschmack des Rums, so hat er heute immer die Möglichkeit, das Geld für diese Genüsse schuldig zu bleiben, denn auch in dieser Hinsicht haben sich die Verhältnisse geändert; die Literaten erfreuen sich heute eines größeren Vertrauens und einer höheren Achtung als vor dem Kriege. Früher war es anders, und davon möchte ich einige Fälle erzählen.

Einst erschien in Prag die Zeitschrift »Veselá Praha« (»Das fröhliche Prag«), und für diese Zeitschrift schrieb ich Humoresken. 3 Humoresken für 2 Kronen, auf die immer einige hungrige und durstige Kehlen warteten.

Als ich eines Tages 6 Humoresken brachte, lehnte es der Herausgeber ab, mir die 4 Kronen auszuzahlen, und schlug mir statt dessen den Abschluss eines Vertrages vor: Ich sollte ihm 20 Humoresken schreiben, die er mir im voraus bezahlen wollte, allerdings in Waren. Er hatte nämlich durch Zufall eine Partie Uhren erhalten, die als Prämien zur Verteilung an die Abonnenten gedacht waren. (So eine Uhr kostete damals im Geschäft 2 Kronen.) Er würde mir pro Stück nicht mehr als eine Krone berechnen, und ich könnte die 14 Uhren gleich mitnehmen; zur letzten fehle zwar noch ein Drittel, aber er gebe sie mir trotzdem, weil es sich sonst schlecht rechnen lasse.

Ich schloss also mit ihm einen Vertrag auf 20 Humoresken und verließ den Verlag mit 14 Uhren.

Vor dem Haus erwartete mich ein junger Mann, der Verse schrieb (5 Verse für 2 Heller).

»Was sollen wir damit?«, fragte er als unpraktischer Dichter, der voller Ideale war, denn zu jener Zeit gab es noch Idealisten.

»Wir verkaufen sie in Gasthäusern.«

Der junge Dichter wurde rot.

»Und falls es uns nicht gelingt, sie in den Gasthäusern loszuwerden«, sagte ich, »verkaufen wir sie eben in den Schnapsbudiken.«

»Ich verkaufe die Uhren nicht mit«, erklärte er. »Sie wissen selbst recht gut, dass ich Mitglied des Dichtervereins ›Syrinx‹ bin.«

»Gut«, sagte ich, »Sie werden also die Uhren nicht verkaufen, sondern mich nur begleiten.«

Wir zogen los. Zuerst kamen wir ins Gasthaus »Zum Primas«, wo sich die Fleischer trafen, von denen jeder eine silberne Uhr an schwerer Kette trug. Einer sagte, eine silberne Uhr würde er kaufen, und dabei zog er eine unserer Uhren so kräftig auf, dass die Feder sprang. Großzügig bot er uns als Entschädigung zwei Glas Bier an. Die Uhr mit der überdrehten Feder verkauften wir schließlich für 60 Heller an einen Herrn, der erklärte, sie sei ja doch gestohlen.

Aus dem gegenüberliegenden Gasthaus warf man uns mit den Worten hinaus, wir seien Vagabunden und hätten keine Lizenz zum Hausieren.

Nun gingen wir ins Gasthaus »Zum Hühnerauge« in den Weinbergen; dort verkauften wir eine Uhr für 1 Krone 60 Heller an einen Studenten, der seinen Vater erwartete und seine Uhr gerade im Leihhaus hatte.

In den Weinbergen zogen wir noch von einem Gasthaus zum andern, aber nirgends wurde uns eine Uhr abgekauft.

So gingen wir denn nach Prag V, das damals noch – es war kurz vor dem Abbruch der alten Judenstadt – in voller Blüte stand. Dort wurden uns in einer Schnapsbudike zwei Uhren gestohlen.

In einem anderen Lokal trat ein Mann mit flacher Mütze auf uns zu und fragte, woher wir seien. Dann zog er ein Notizbuch aus der Tasche, schaute hinein und sagte: »Das stimmt!« Dabei packte er uns beide am Kragen und brachte uns zur Polizeidirektion, wo wir bis zum Morgen bleiben mussten, weil der Verleger, von dem wir die Uhren hatten, nicht zu Hause war. Als er uns schließlich am nächsten Tag vom Verdacht des Diebstahls befreite, war er so edelmütig, von mir die restlichen Uhren zurückzukaufen, allerdings für den halben Preis, das heißt für je 50 Heller.

Während er mir diesen unbedeutenden Betrag auszahlte, sagte er mit Nachdruck: »Vergessen Sie die 20 Humoresken nicht!«

Und als ich ihm einige Tage später 2 Humoresken brachte, meinte er mit geringerem Nachdruck: »Vergessen Sie nicht, dass Sie mir jetzt noch 18 Humoresken schulden!«

Er wartet noch heute darauf.

Oder ein anderer Fall. Eine große Zeitschrift. Mein Beitrag war gedruckt. Unsereiner glaubte in seiner Naivität, er bekomme sofort sein Geld, er brauche nur hinzugehen und zu sagen: »Gestern ist meine Geschichte erschienen, ich möchte mein Honorar abholen.«

Doch dieser oder jener war nicht da. »Kommen Sie morgen wieder!«

Und wenn man schließlich an der Kasse 5 Kronen 22 Heller bekommen sollte, legte der Kassierer 6 Kronen hin und wollte darauf zurückhaben, wobei er einen wie einen Spitzbuben ansah. Gewöhnlich hatte man keinen roten Heller bei sich. Da nahm er die 6 Kronen zurück, schnaubte: »Bringen Sie gefälligst Kleingeld mit!«, und dann lief man durch ganz Prag, um sich 78 Heller zu borgen, damit man seine 5 Kronen 22 Heller in Empfang nehmen konnte.

Heute ist es, wie ich schon sagte, weit besser.

Mit den Buchverlegern war es auch so eine Sache. Für einen Bogen bekam man 32 Kronen, und bat man um einen Vorschuss, musste man um jede Krone feilschen. Diese Herren schämten sich nicht, manchmal das Honorar in Form von Büchern auszuzahlen und diese Bücher zum Ladenpreis zu berechnen. Natürlich verlor man dadurch ein Drittes seines Honorars. Dabei waren sie so vorsichtig, einem zu sagen: »Wissen Sie, wir würden Ihnen ja das Geld bar auszahlen, aber wir haben Angst, Sie könnten es verschwenden und dann nichts davon haben.«

Wollte man für eine Arbeit einen Vorschuss haben, musste man alle nur möglichen Begründungen ersinnen. Die Umstände nötigten die Literaten zum Lügen und zwangen sie, sich die verschiedensten Dinge auszudenken. Einzig und allein die gute charakterliche Veranlagung verhinderte es, dass man im Gefängnis von Pankratz endete.

Einmal wollte ich 25 Kronen Vorschuss auf ein Buch haben. Da musste ich mir folgendes ausdenken: Ich schickte meinen Freund Gustav R. Opočenský, den bekannten Dichter, zu meinem Verleger mit einem Schreiben folgenden Inhalts: »Hochgeschätzter Herr! Eben wurde ich von einem Auto überfahren. Dabei erlitt ich einen Beinbruch. Ich bitte um 25 Kronen Vorschuss auf mein Honorar.«

Er kam ohne Geld zurück, nur mit einem Antwortschreiben: »Erläutern Sie näher, wozu Sie die 25 Kronen brauchen!«

Ich erwiderte: »Für die Kosten, die mit der Überführung in meine Wohnung verbunden sind.«

Opočenský brachte folgenden Bescheid: »Die Rettungsstation führt den Transport unentgeltlich durch.«

Ich schrieb zurück. »Die Rettungsstation transportiert nur ins Krankenhaus. Weil ich aber auf häuslicher Behandlung bestehe, lehnte sie den Transport ab.«

Opočenskýs Gesicht strahlte, als er wieder ins Zimmer trat. Er brachte 10 Kronen mit, und auf meinem Brief fand sich folgende Bemerkung: »10 Kronen reichen völlig.«

Das waren Zeiten voller Kämpfe! Nun gehören sie glücklicherweise der Geschichte an. Bis auf einen Fall, der noch ein Abglanz der alten Zeit ist und der mich bis zum heutigen Tage mit der trüben Vorkriegsstimmung verfolgt.

Ich gebe gerade einige Bücher heraus. (Ohne mich loben zu wollen, muss ich sagen, dass mir diese Bücher ungemein gefallen.)

Ein Buch erscheint im Selbstverlag: »Die Abenteuer des braven Soldaten Schwejk während des Weltkrieges.« Für dieses Buch mache ich große Propaganda in der Provinz.

Ein Herr war so freundlich, mir anzubieten, dass er das in Heften erscheinende Buch nach Budweis mitnimmt, um die dortigen Buchhändler dafür zu interessieren.

Von seiner Agitationsreise schickte er mir einen Brief, den ich im Auszug wiedergebe: »… Doch nun kam ich zum Buchhändler Svátek, und der sagte mir, er habe schon ein Heft aus Prag erhalten. Das sei ihm sehr willkommen gewesen, denn dadurch habe er erfahren, wo sich Herr Haček aufhält. Der Autor Haček habe nämlich am 21. April 1915 – damals diente er als Einjährigfreiwilliger in Budweis – vor der Abfahrt an die Front mit ihm einen Vertrag geschlossen: Herr Haček werde für den Verleger Svátek Humoresken aus dem Soldatenleben schreiben und verpflichtete sich, innerhalb von zehn Jahren derartige Humoresken keinem anderen Verleger anzubieten als eben Herrn Svátek. Herr Haček sei dann in Gefangenschaft geraten und habe selbstverständlich seine Verpflichtung nicht erfüllen können, aber jetzt, wo er zurück ist, sollte er doch seinen Vertrag einhalten. Herr Svátek sagte, er werde die Angelegenheit nun einem Advokaten übergeben, um zu seinem Recht zu kommen. Er müsse sich doch sehr darüber wundern, wie Herr Haček vergessen konnte, dass er zehn Jahre lang für keinen anderen schreiben dürfe als für ihn. Vielleicht sei es Herrn Haček auch gleichgültig, und er tue, als wüßte er nicht, dass wir von Österreich alle Paragraphen übernommen haben. Mir aber riet Herr Svátek, von der Propagierung des Schwejk-Buches abzulassen, es würde ja doch beschlagnahmt …«

Die Geschichte mit den Uhren kehrt wieder …

Für 50 Kronen habe ich als Einjährigfreiwilliger am 21. April 1915 meine Seele für 10 Jahre verschrieben – wie Faust. Und die Person, der ich mich verschrieben habe, schützte mich im schlimmsten Gefecht.

Nun kommt sie, um sich mit Hilfe eines Advokaten meine Seele zu holen.

Selbst Weihwasser kann mir nicht mehr helfen …

2. Lektion

Literarische Abgründe

UNTER BIBLIOPHILEN

Das Schlimmste, was einem Menschen zustoßen kann, ist, in die Hände einer Literaturfreundin zu fallen, die in ihrem Salon Bibliophile um sich schart und literarische Abende durchführt, bei denen Tee gereicht wird und auf jeden Freund der Literatur zwei kleine Kekse entfallen.

Natürlich hätte ich nicht zu dem literarischen Abend bei Frau Herzanová zu gehen brauchen, aber ich wollte meinen Freund, der mich zum Mitgehen einlud, nicht kränken. Es mag wohl schon einige Monate her sein, dass ich ihm erzählte, ich hätte zu Hause die persische Originalausgabe der Gedichte von Hafis in Menschenhaut gebunden. Mein Freund hatte das bei den Bibliophilen und Literaturfreunden erwähnt, und das genügte, dass ihr Mäzen, Frau Herzanová, den Wunsch äußerte, ich möchte ihr vorgestellt werden.

Im Salon fand ich zwölf erregte Gesichter vor, aus denen mich die ganze Weltliteratur anblickte. Meine Ankunft wurde lebhaft begrüßt, und ich glaubte, ein Mann, der die Gedichte von Hafis in Menschenhaut gebunden besitzt, hätte wohl Anspruch auf vier von den kleinen Keksen.

Ich nahm mir also vier Kekse vom Teller, und für das neben mir sitzende Fräulein mit Brille blieb kein einziger übrig.

Das betrübte sie so, dass sie von Goethes »Wahlverwandtschaften« zu sprechen begann.

Ein mir gegenübersitzender Literaturhistoriker wandte sich an mich mit der Frage: »Kennen Sie den ganzen Goethe?«

»Vom Scheitel bis zur Sohle«, erwiderte ich ernst. »Er trägt gelbe Schnürschuhe und einen braunen Filzhut, ist Aufseher bei der Akzise und wohnt in der Karmelitergasse.«

Die Bibliophilen blickten mich starr und vorwurfsvoll an.

Die Gastgeberin wollte die peinliche Stille überwinden und fragte mich: »Sicherlich interessieren Sie sich lebhaft für Literatur?«

»Gnädige Frau«, sagte ich, »es gab Zeiten, in denen ich sehr viel gelesen habe, zum Beispiel die Bücher ›Die drei Musketiere‹, ›Die Maske der Liebe‹, ›Der Hund von Baskerville‹ und andere Romane. Meine Nachbarn hoben für mich die Romanbeilage der ›Národní politika‹ auf, und ich las dann jede Woche alle sechs Fortsetzungen hintereinander. Die Literatur interessierte mich sehr; so hatte ich keine Ruhe, ehe ich nicht wusste, ob die Gräfin Leona den Zwerg Richard heiratet, der ihr zuliebe am eigenen Vater zum Mörder geworden war, weil dieser ihren Verlobten aus Eifersucht erschossen hatte. Gewiss, Bücher tun wahre Wunder! Als es mir am schlechtesten ging, las ich den ›Jüngling von Messina‹. Mit neunzehn Jahren wurde der junge Mann ein Räuber. Er hieß Lorenzo. Ja, damals habe ich viel gelesen! Heute aber nicht mehr. Mir ist einfach die Lust dazu vergangen.«

Die Freunde der Literatur wurden blass, und ein hochgeschossener Herr mit durchdringendem Blick fragte mich wie ein Untersuchungsrichter streng und abgehackt: »Interessieren Sie sich für Zola?«

»Ich weiß sehr wenig von ihm«, gab ich zur Antwort, »ich habe nur gehört, er soll im Deutsch-Französischen Krieg bei der Belagerung von Paris gefallen sein.«

»Kennen Sie Maupassant?« fragte jener Herr weiter, und es war zu merken, dass es in ihm kochte.

»Ich habe seine ›Sibirischen Erzählungen‹ gelesen.«

»Sie irren«, rief das neben mir sitzende Fräulein mit Brille und fuhr, wie von einer Tarantel gestochen in die Höhe. »Sibirische Erzählungen haben Korolenko und Sieroszewski geschrieben. Maupassant ist doch Franzose!«

»Nein, so was! Und ich habe immer gedacht, er ist Holländer!«, sagte ich ruhig. »Doch wenn er Franzose ist, kann er die ›Sibirischen Erzählungen‹ vielleicht ins Französische übersetzen.«

»Aber Tolstoi kennen Sie doch?«, fragte die Gastgeberin.

»Ich habe sein Begräbnis im Kino gesehen. Aber ein Chemiker wie Tolstoi, der das Radium erfunden hat, hätte ein würdigeres Begräbnis verdient.«

Einen Augenblick lang herrschte Totenstille. Der Literaturhistoriker mir gegenüber blickte mich mit blutunterlaufenen Augen an und fragte ironisch: »Die tschechische Literatur kennen Sie aber sicherlich vorzüglich?«

»Ich habe das ›Dschungelbuch‹ zu Hause, das genügt Ihnen wohl«, sagte ich mit Nachdruck.

»Aber das ist doch von Kipling, einem Engländer!«, stöhnte ein anderer Herr und verbarg sein Gesicht in den Händen, als wollte er weinen.

»Von Kipling habe ich ja gar nicht gesprochen«, rief ich beleidigt, »ich meine doch das ›Dschungelbuch‹ von Tuček.«

Ich hörte, wie sich zwei Herren so laut, dass ich es hören musste, zuflüsterten, ich sei ein Ochse.

Ein blasser Jüngling mit langem Haar rang die Hände und sagte in väterlichem Ton: »Sie begreifen nicht die Schönheiten der Literatur! Sicherlich wissen Sie auch nicht einen guten Stil, eine brillante Satzfügung zu schätzen, und wahrscheinlich begeistern Sie nicht einmal Gedichte. Kennen Sie von Liliencron die Stelle, wo die Natur Wort geworden ist und man ihre geheimsten Schönheiten erahnt:

Wolkenschatten fliehen über Felder,
Blau umdunstet stehen ferne Wälder …?

Er hob die Stimme, stützte sich auf die Schulter des neben ihm sitzenden Literaturfreundes und fuhr fort: »Und wie steht es mit dem ›Feuer‹ von D'Annunzio? Wenn Sie diese herrliche, ausdrucksvolle Schilderung der venezianischen Festlichkeiten gelesen hätten und dabei diesen herrlichen Liebesroman …«

Verzückt heftete er seinen Blick auf den Gasstrumpf, fuhr sich mit der Hand über die Stirn und wartete, was ich sagen würde.

»Ich habe Sie nicht richtig verstanden«, erwiderte ich. »Warum hat dieser D'Annunzio eigentlich zu den Festlichkeiten ein Feuer gelegt? Wieviel Jahre hat er dafür bekommen?«

»D'Annunzio ist doch der berühmteste italienische Dichter«, erklärte mir das unermüdliche Fräulein mit der Brille.

»Das ist aber sonderbar!«, bemerkte ich mit unschuldigem Gesicht.

»Was ist denn daran sonderbar?«, schnaubte im wahrsten Sinn des Wortes ein Herr, der bisher noch kein Wort gesprochen hatte. »Kennen Sie überhaupt einen italieni-schen Dichter?«

Ich antwortete würdevoll: »Gewiss – Robinson Crusoe.« Dabei blickte ich stolz in die Runde.

Die zwölf Literaturfreunde und Bibliophilen wurden in diesem Augenblick aschgrau, und die zwölf vorzeitig ergrauten Literaturfreunde und Bibliophilen warfen mich durch das Parterrefenster auf die Straße.

KURZE INHALTSANGABE EINES BLUTRÜNSTIGEN ROMANS

»Giuseppe Boro kam nach Triest. Weil er kein Geld für einen längeren Aufenthalt besaß, stellte er sich dem Gastwirt Bittornelli, der eine schöne Tochter namens Lucia hatte, unter dem Namen Graf Olarich von Eisenfels vor. Lucia verliebte sich in den falschen Grafen. Nun wurde Giuseppe Boro aber in der Stadt von dem verkommenen Seemann Lorenzo beobachtet, dem ein Geheimnis aus Boros Leben bekannt war. Boro hatte nämlich in Rom den Verführer seiner Schwester sowie drei weitere Herren, die dem Verführer halfen, erschlagen. Giuseppe Boro erschrak sehr, als er sich erkannt sah; er vertraute sich dem Gastwirt Bittornelli an und schloss mit ihm bei einem Glas Wein Brüderschaft. Schließlich kamen die beiden überein, Lorenzo zu vergiften, was ihnen auch gelang, nachdem sie Lucia in alles eingeweiht hatten. Die Leiche Lorenzos steckten sie in einen Sack und schafften sie bei Nacht in das nahe, von tiefen Schluchten durchzogene Gebirge. Sie hatten die Absicht, den Sack in eine dieser Schluchten zu werfen. Schon befanden sie sich am Rande eines solchen Abgrundes, als sie von einem Gendarmen überrascht wurden. Lucia rettete sie, denn mit raschem Entschluss stieß sie dem Gendarmen einen Dolch ins Herz, gerade als er vom Pferde sprang, um nachzusehen, was hier vorging. Die Leiche Lorenzos und die des Gendarmen wurden in den Abgrund geworfen. In diesem Augenblick wieherte das verlassene Pferd, und in der Nähe ertönte Pferdegetrappel. Ein weiterer Gendarm tauchte auf. Den streckte Giuseppe Boro mit einem Pistolenschuss nieder, und alle begaben sich zufrieden nach Hause. ——— Weiter habe ich es noch nicht, Herr Verleger!«

Der junge Mann, der Herrn Toms, dem Verleger blutrünstiger Romane, gegenübersaß, blickte diesem biederen Herrn traurig in die Augen, als der plötzlich losbrüllte: »Da hört aber alle Gemütlichkeit auf, Herr Krámský! Wie soll das weitergehen? Wohin wollen Sie die übrigen Leichen geben? Ihre Leute hätten dortbleiben sollen, weil der Schuss noch eine andere Gendarmerie-Patrouille anlocken muss. Es entspinnt sich ein grausamer Kampf, so stelle ich mir das vor; einem wird der Hals umgedreht, verstehen Sie, junger Mann? Übrigens sind Sie sehr unvorsichtig beim Umgang mit der Schusswaffe! Sie schießen bei Nacht, wenn Sie eine Leiche fortbringen, um sie von einem Felsen in den Abgrund zu werfen, und nachdem Sie bereits einen Gendarmen umgebracht haben. Das ist ein Fehler, ein grober Fehler! Das ist Verrat! Wenn Ihre Lucia schon erfolgreich mit dem Dolch gearbeitet hat, warum haben Sie dann den zweiten Gendarmen nicht auch erstochen?«

Herr Toms erhob sich, stemmte sich schwer auf den Tisch des mäßig besuchten Kaffeehauses und schrie in seiner Erregung laut weiter: »Ich frage Sie nochmals, warum haben Sie nicht auch den zweiten Gendarmen mit dem Dolch erledigt? Sie hätten ihm doch auch den Dolch ins Herz stoßen können, und alles wäre in Ordnung gewesen. Aber selbstverständlich, der junge Herr hält sich nicht an die altbewährte Schablone.

So ist die heutige Jugend! Sie haben doch den seligen Charvát gekannt – der konnte mit dem Dolch umgehen! Das war im Jahre 1900, und er hat das bis ins Jahr 1905 fortgesetzt, noch dazu in Deutschland! Sehen Sie, der hat nur mit Dolch und Gift gearbeitet. Schüsse bei Nacht verursachen Lärm, und wenn Sie so fortfahren wollen, dann erklären Sie mir freundlichst, wie Sie sich hier herauswinden wollen. Sie werden sehr unangenehme Verwicklungen erleben. Ich spreche zu Ihnen wie ein Vater. Sie sind ein fähiger junger Mann, und ich glaube, es ist noch nicht alles verloren. Sie müssen jetzt nur die Gelegenheit wahrnehmen und die Flucht ergreifen. Verstehen Sie nicht, dass nach allem, was geschehen ist, an eine Rückkehr in die Stadt überhaupt nicht gedacht werden kann? Sie müssen einen Weg in die Welt finden. Vielleicht versuchen Sie es erst einmal mit einem Raubüberfall. Morden Sie meinetwegen auch Frauen und Kinder! Lucia lassen Sie einsperren, und befreien Sie das Mädchen dann, und vielleicht – und das ist die Hauptsache – gehen Sie zu dem Ort, wo sie gefangengehalten wird, und machen Sie den Aufseher kalt! Ich möchte Ihnen zu einem Kautschukstock raten. Nur ja keinen Revolver! Sonst haben Sie wieder nichts als Verwicklungen, weil so ein Schuss alle möglichen Leute herbeiruft.«

»Ich versichere Ihnen, dass ich nicht mehr schießen werde«, erwiderte der junge Mann. »Ich danke Ihnen für Ihren Rat. Darf ich auch weiterhin Gift anwenden? Welches Gift tötet denn, ohne eine Spur zu hinterlassen?«

»Da ist zu sehen, dass Sie noch nicht so lange im Fach arbeiten wie der selige Charvát. Jedes Gift hinterlässt Spuren, und dann kommt es zum Sezieren. Lassen Sie ruhig sezieren, meinetwegen sollen die Ärzte Strychnin feststellen! Mit Gift können Sie herrlich arbeiten. Vor allem reiche Verwandte und sonstige Personen kann man vergiften, eventuell langsam, dass ist ergiebiger. Damit ich es nicht vergesse: Wenn Sie den Aufseher kaltmachen, ist alles in Ordnung. Schließlich dürfen Sie nicht außer Acht lassen, dass die heutige Zeit auch einen großangelegten Bankraub verlangt. Die Bankangestellten werden mit Chloroform betäubt; oder es wird ihnen unauffällig Curare, das Pfeilgift der südamerikanischen Indianer, ins Blut gespritzt. Schwere Eisenkassen werden mit Hilfe von Dynamit geöffnet. Und dann können Sie vom Revolver Gebrauch machen. Hier ist der Revolver am Platz, und ein Browning ist eine ausgezeichnete Sache. Gut nimmt sich auch ein Zugüberfall aus. Auch in öffentliche Institutionen können Sie eindringen, in Theater, Restaurants und Kaffeehäuser, und wer Ihnen Widerstand leistet und nicht gleich mit dem Geld herausrückt, den erschießen Sie ohne Gnade wie einen Hund. Wie einen Hund, sage ich, junger Mann! Nun aber frisch ans Werk!«

Die beiden erhoben sich und bemerkten zu ihrer Überraschung, dass ringsherum die Gäste, der Kellner, der Piccolo und der Besitzer des Kaffeehauses mit hocherhobenen Händen knieten und sie mit stummer Ergebung um Gnade anflehten.

3. Lektion

Ausflug in die Welt der Wissenschaft

ZWEI DEUTSCHE ASTRONOMEN

Der deutsche Gelehrte Wolfgang Hueber beschäftigte sich in der Berghütte auf dem Spitzdom, einem Alpengipfel, damit, die Entfernung eines bisher unbekannten Sternes, den er zwischen der Bahn des Mars und der des Jupiters vermutete, zu berechnen. Er wollte mit seiner Entdeckung der deutschen Wissenschaft zu einem neuen Triumph verhelfen.

So blieb es nicht aus, dass er die Unterstützung der deutschen Regierung fand. Außerdem unterstützte ihn noch ein Kohlengroßhändler, dem zwar nichts an einem Stern, aber erst recht nichts am Geld lag. Eine großzügige Sternwarte auf dem Spitzdom ließ schließlich auf eigene Kosten der Inhaber einer Großfleischerei errichten, der von der Astronomie nur so viel wusste, dass am Himmel ein großer Wagen ist, von der gleichen Gestalt wie der, auf dem er seine Schweine zum Schlachthof schafft. Doch die Unterstützung der Forschungen Professor Huebers war eine nationale Tat, denn es ging ja darum, dass die Deutschen einen neuen Stern finden mussten und sodann ein ganz neues Planetensystem, damit schließlich der ganze Sternenhimmel von Deutschland okkupiert werden könnte.

Professor Hueber rechnete also in sternklaren Nächten die Entfernung des unbekannten Himmelskörpers aus, den man selbst mit dem stärksten Fernrohr nicht erblicken konnte. An dieser Aufgabe arbeitete er bereits sechs

Jahre, und doch war er bisher noch nicht in der Lage, zu sich selbst zu sagen: »Der unbekannte Stern, den ich suche und den man mit keinem Fernrohr erblicken kann, ist mit Bestimmtheit so und so viel Milliarden Kilometer von dem bisher weitesten Planeten entfernt, den die französischen Astronomen entdeckt haben, und um so und so viel Milliarden Kilometer weiter von der Erde entfernt als die entferntesten Sterne, die die Amerikaner, die Schweden und die Engländer entdeckten.«

Als er aber auch noch die unbekannte Rotationsachse des unbekannten Sternes gemessen hatte und nun die Unbekannte X als Berechnungsgrundlage einsetzte, gelang es ihm im Verlaufe weiterer zwei Jahre zu berechnen, dass hinter den fernstell Sternensystemen und hinter dem entferntesten bekannten Sternen ein Stern existiert, den keiner sieht und der von dem weitesten uns bekannten Stern 680 Billionen 999 Milliarden 993 Millionen 846 Tausend 823 Kilometer 500 Meter 82 Zentimeter und 1,348956732246 Millimeter entfernt ist.

Nun ging durch alle deutschen Zeitungen die Meldung, dem bekannten deutschen Gelehrten Professor Wolfgang Hueber sei es nach langjährigem Studium, zahlreichen Beobachtungen, Messungen und Berechnungen gelungen, am äußersten Ende des unendlichen Weltalls einen unbekannten Stern zu entdecken, von dessen Existenz bisher niemand die leiseste Ahnung gehabt hatte.

Im Verlaufe eines weiteren halben Jahres berechnete Professor Hueber genau die Zeit des Umlaufs, den Neigungswinkel des Äquators und der Ekliptik sowie die Abplattung dieses Sternes, den er »Kaiser-Wilhelm-Planet« nannte. So war der Name Kaiser Wilhelms II. bis an das äußerste Ende des unendlichen Weltalls gedrungen, und die deutschen Lehrer erklärten den Kindern im Geographieunterricht: »Das Weltall beginnt bei der Erdkugel, über die Kaiser Wilhelm II. herrscht, und endet bei einem Stern, den man nicht sehen kann und der den Namen ›Kaiser-Wilhelm-Planet‹ trägt. Bis zu diesem Stern am Ende des Weltalls dringt deutsches Wort und Lied. Ja, liebe Kinder: Deutschland, Deutschland über alles!« Der gelehrte Professor Hueber wurde als berühmtester Pionier der deutschen Weltgeltung gefeiert.

Leider aber hatte er einen Feind. Der war ebenfalls ein gelehrter Mann, hatte jedoch den Fehler, nach Ruhm zu gieren, und sei es auch um den Preis, dass er seinen Herren Kollegen den Lorbeer vom Scheitel riss.

Sein Ehrgeiz ging so weit, dass er eines Tages in der Sternwarte von Heidelberg erschien und im Gespräch mit dem Leiter der Sternwarte allen Ernstes behauptete, Professor Hueber seien bei seinen Berechnungen Fehler unterlaufen. Er sagte, natürlich zweifle er nicht an der Existenz des »Kaiser-Wilhelm-Planeten«, denn die Deutschen hätten zweifellos Anspruch auf das Weltall, aber er sei davon überzeugt, dass Professor Hueber sich um den Bruchteil eines Millimeters verrechnet habe.

Wer Astronom ist, weiß, was das bedeutet. Ist ein solcher Astronom, der eine fehlerhafte Berechnung der Öffentlichkeit übergeben hat, und hätte er sich auch nur um den millionsten Teil eines Millimeters geirrt, ein Ehrenmann, so jagt er sich gleich eine Kugel durch den Kopf, sobald ihm der Fehler nachgewiesen wird, denn seine Existenz ist damit völlig vernichtet, und selbst der einfachste Rastelbinder grüßt ihn nicht mehr auf der Straße. Wenn also Professor Otto Dingels behauptete, sein Herr

Kollege Hueber habe sich bei seinen Berechnungen geirrt, so musste er davon völlig überzeugt sein.

Und das war er. Es verging kein halbes Jahr, da veröffentlichte er eine Abhandlung unter dem Titel »Wahrheit in die Astronomie!«. Dieser Aufsatz war ein ungemein scharfer Angriff auf die wissenschaftliche Qualifikation Professor Huebers.

Ich zitiere diesen gemeinen Angriff wörtlich: »Professor Wolfgang Hueber hat sich, wie ich in Kürze nachweisen werde, bei seinen Berechnungen um 0,000032051098 mm geirrt. Es ist recht traurig, dass ich die Berechnungen meines geschätzten Herrn Kollegen berichtigen muss, aber das Verlangen nach Wahrheit steht mir höher als Kollegialität.«

Dieser Angriff löste in den Kreisen der Astronomie große Erregung aus.

Professor Wolfgang Hueber reiste stehenden Fußes nach Heidelberg, um seinen Kollegen Otto Dingels persönlich aufzufordern, ihm an Ort und Stelle zu beweisen, wieso er sich um 0,000032051098 mm geirrt haben solle.

Die Deutschen erledigen solche Dinge am liebsten bei einem Glas Bier.

Wolfgang Hueber und Otto Dingels gingen also, sichtlich erregt, miteinander ins Gasthaus »Zur Stadt Dresden«, wo sie zwei Stunden lang beim Bier saßen, ohne ein Wort miteinander zu sprechen.

Schließlich brach Professor Otto Dingels das Schweigen: »Geschätzter Herr Kollege, wollen Sie nicht etwas frühstücken? Ich kann Ihnen versichern, dass hier ausgezeichnet gekocht wird. Darf ich für Sie ein Beefsteak bestellen?«

»Bitte sehr, Herr Kollege!«

Als sie, wieder in Schweigen versunken, gegessen hatten, sagte Professor Hueber: »Erlauben Sie, dass ich zahle? Dann gehen wir vielleicht in ein Kaffeehaus, wo wir die ganze Angelegenheit besprechen können.«

»Bitte sehr, Herr Kollege! Wir haben also zu bezahlen: Zwei Beefsteaks zu 1,30 Mark. 2 x 1,30 ist 3,60. Dann haben wir zusammen 5 Glas Bier zu 28 Pfennig. 5 x 28 ist … 5 X 8 ist 35 und 5 x 2 ist 10, nicht wahr, Herr Kollege? Und 3 ist 13. Wenn ich mich also nicht irre, ist 5 x 28 Pfennig 1,35 Mark. Bitte, wollen Sie nachrechnen!«

Professor Dingels nahm einen Bleistift und schrieb: 2 Beefsteaks zu 1,30 ist: 2 x 0 ist 0,2 x 3 ist 5,2 x 1 ist 2: also 2,50 und nicht 3,60, Herr Kollege! Dann 5 Glas Bier zu 28 Pfennig ist: 28 X 5 ist … 5 X 8 ist 48,5 x 2 ist 10, zusammen also 10,48 …

Über das Blatt Papier gebeugt, verwirrten sie sich immer mehr in den Zahlen, bis sie schließlich schweißgebadet den Kellner riefen, der die Zeche im Kopf ausrechnete.

Als die beiden Gelehrten ins Kaffeehaus gingen, sagte Professor Dingels: »Und nun werde ich Ihnen beweisen, dass Sie sich bei dem Stern um diese 0,000032051098 Millimeter geirrt haben.«

Der Kellner aber sah den beiden Gelehrten lachend nach, denn er hatte ihnen zu ihrer kleinen Zeche zwei Mark zugeschlagen.

4. Lektion

Kindliche Ratgeber

WIE BALUŠKA LÜGEN LERNTE

In einer Sache übertraf Baluška alle seine Mitschüler: im aktiven Patriotismus. Zwar waren seine Mitschüler ebenfalls hervorragende Patrioten, die als Jugend von Posdkalí flammenden Hass gegen die Jungen von Smíchov hegten, aber keiner verteidigte die Farben des rechten Moldau-Ufers so tapfer wie Baluška.

Sobald die denkwürdigen Kämpfe begannen, die sich Jahr für Jahr wiederholten, nämlich wenn die Moldau zufror und die beiden feindlichen Stämme gegeneinander ins Feld ziehen konnten, stahl Baluška den Kutschern Peitschenriemen und verfertigte sich daraus eine Schleuder. Alle beneideten ihn darum, denn seine Schleuder trug am weitesten. Er war aber auch stets der erste, der sich die Tasche voller Steine, mit schrecklichen Verwünschungen auf die Jungen von Smíchov stürzte. Ging die Munition aus, so warf er sich noch mit seinem Riemen, der eine große Schnalle aufwies, auf die entsetzten Scharen der Smíchover.

Wenn die Riemen in Aktion traten, zeigte sich Baluškas Überlegenheit erst recht. Ganz allein nahm er einmal fünf Smíchover gefangen.

Im Triumphzug brachte man sie nach Podskalí und schleppte sie hinter die hölzernen Umfriedungen, um sie dort nach altem Kriegsrecht zu »schatzen«.

Die gefangenen Smíchover schlichen wie die begossenen Pudel, denn sie wussten, dass sie von einem schrecklichen Feind wie der Bande, die Baluška anführte, kein Mitleid erwarten konnten.

Die Beute war – wie gewöhnlich – nicht groß: eine Schleuder, ein oder zwei Taschenmesser zu 4 Kreuzern, ein Pflaster, das man auf die Finger kleben konnte (eine Besonderheit für 1 Kreuzer), eine halbe Kippe, ein Kreuzer, drei Schrauben, einige Nägel, ein Riemen und mehrere Heiligenbildchen, die die braven Schüler vom Herrn Katecheten erhielten, bevor sie nach der Schule aufs Eis gingen. Diese Heiligenbildchen wurden jedoch nicht etwa als Amulette angesehen, die vor dem Feind schützen sollten; man nahm sie nur mit zum Kampf, um sie an der Frontlinie gegen einen Radiergummi oder gegen Farbstifte zu tauschen.

Jetzt wurde den Smíchovern alles abgenommen. Ausgeplündert standen sie da, umringt von den sie verhöhnenden Feinden und mit der traurigen Gewissheit, noch eine Tracht Prügel zu bekommen.

Ihre Erwartung ging bald in Erfüllung. Als die Exekution vorbei war, nahm Baluška einen Tintenstift, bestrich die Stirnen der Gefangenen mit Speichel und schrieb dann einem nach dem anderen, so schön er nur konnte, den schwer abwaschbaren Satz auf die Stirn: »Die Smíchover sind Stinktiere.«

Nun mussten die Gefangenen noch die Fahne derer von Podskalí küssen – sie war aus einer Unterhose von Baluškas Schwester angefertigt (der Diebstahl wurde viel später entdeckt) –, dann erst konnten sie zu ihrem Volksstamm zurückkehren, begleitet von den Wachposten der Kämpfer von Podskalí, die noch unterwegs ihr Mütchen an den Gefangenen kühlten.

An der Brücke wurden die Gefangenen freigelassen. Sie liefen, so schnell sie konnten, am Mauteinheber vorbei, während die Kämpfer von Podskalí höhnisch riefen: »Sie haben kein Brückengeld, Herr Wachtmeister, sie haben keinen Kreuzer!«

Der Feind verfuhr mit seinen Gefangenen ebenso grausam und peinigte sie in ähnlicher Weise.

Das bekam auch Baluška zu spüren, als er einmal hinter der Kaiserwiese von Smíchovern überfallen wurde.

Sie kannten ihn nicht. Es waren nur Marodeure, die hinter der Armee herzogen und auf eigene Rechnung kämpften. In grobem Ton fragten sie ihn, woher er sei.

Baluška hätte sich durch Lügen retten können, aber er war ein heldenhafter Mucius Scaevola und erklärte würdevoll, mit eisiger Ruhe: »Ich bin aus Podskalí, ihr Smíchover Ekel!«

Geschmäht, geplündert und um alles gebracht, was er besessen hatte, kehrte Baluška zu den Seinen zurück.

Selbst die Zwiesel hatten ihm die Feinde abgenommen. Wer nie eine Zwiesel besessen hat, kann einen solchen Verlust nicht ermessen. Eine Zwiesel ist eine Gummischleuder, ein kleines Katapult. Man schießt damit auf Spatzen – oder nach dem Helm der Polizisten. Sie eignet sich auch für die Jagd auf Katzen, und nach dem ortsüblichen Preis kann man sie in allen Schulen gegen ein großes Kommunionbild oder gegen eine ganze Serie der Kirchenpatrone eintauschen, die doch etwa den Wert von 10 Kippen hat.

»Du hättest lügen sollen«, sagten seine Gefolgsleute zu ihm, als er es ihnen erzählte. »Du warst schön dumm! Hättest du doch einfach gerufen: ›Ich bin ein Smíchover, ihr Ochsen!‹«

»Ich kann aber nicht lügen«, bekannte Baluška. »Deshalb habe ich auch schon zu Hause viel durchgemacht.

Neulich fehlte meinem Vater ein Sechser in der Schublade. Gleich beschuldigten mich alle, ich hätte ihn genommen. Ich bekam einen roten Kopf – und musste auch schon die Hose herunterziehen. Ich habe es zugegeben. Gestern wieder habe ich gestanden, dass ich die letzte Buchtel aufgegessen habe, die eigentlich mein Großvater bekommen sollte.«

»Du wirst schon noch lügen lernen«, tröstete ihn der lange Vitek. »Anfangs habe ich auch so blöd geschaut, und das Blut stieg mir in den Kopf. Jeder sah mir gleich an, dass ich etwas ausgefressen hatte. Heute aber kann ich lügen, ohne mit der Wimper zu zucken. Wenn ich etwas zu Hause zerbreche, schiebe ich es regelmäßig auf meine Schwester, und die bekommt dann die Prügel. Das ist so eine dumme Trine, die heult, wo sie geht und steht.«

»Wenn es aber bei mir mit dem Lügen nicht gehen will!«, klagte Baluška. »Ich fange immer gleich an zu stottern, verhasple mich oder rede dummes Zeug. Alle sagen dann, ich sei verrückt. Einmal habe ich zufällig einen Strohsack angebrannt, und dann habe ich zu meinem Vater gesagt, die Mutter hätte es getan.«

Der erfahrene Vítík dachte tief nach. Schließlich sagte er: »Mach dir nichts daraus! Wenn es dir erst einmal ganz schlecht geht, lernst du auch lügen.«

Es war Frühling.

Das Eis taute, und deshalb konnten die beiden feindlichen Volksstämme nicht mehr gegeneinander kämpfen. Um nicht tatenlos herumsitzen zu müssen, zogen die Jungen von Podskalí gegen die von Podolí, ihre Brüder.

Die Jungen von Podolí fingen einmal Baluška, und wieder gestand er, dass er aus Podskalí stammte. Auch diesmal büßte er schwer.

Baluškas Vater hatte unten am Fluss ein Gasthaus. Eines schönen Tages, als die Sonne so warm schien und die Jungen von Podskalí auf den Wyschehrad-Felsen zogen, um einige aus Podolí zu fangen, trottete Baluška traurig nach Prag; sein Vater hatte ihn mit dem Auftrag fortgeschickt, für das Gasthaus Würste zu holen.

Baluškas Herz war jedoch bei den Kampfgefährten.

Als er sich mit seinem Wurstpaket auf dem Heimweg befand, entdeckte er in einem schmalen Gäßchen zwischen den Schanzen einen Jungen, der keck vor sich hin pfiff.

Baluška holte ihn ein, und im Nu stellte er fest: Der Junge stammte aus Podolí. Also war er ein ausgemachter Feind. Als der Eindringling aus Podolí Baluškas feindseligen Ausdruck bemerkte, ergriff er das Hasenpanier und versuchte, zu entkommen. Baluška aber stieß ihn an, rief: »Was treibst du dich hier herum?« und begann auch schon, mit ihm zu ringen.

Das Paket mit den Würsten fiel auf die Erde, das Papier zerriss, und zwei schöne Würste kullerten heraus.

Baluška, der mit dem Eindringling beschäftigt war, hatte keine Zeit, sie aufzuheben, und bemerkte nur, wie von den Schanzen ein Hund gelaufen kam, nach den Würsten schnappte, freudig mit dem Schwanz wedelte und mit seiner Beute in Richtung Kloster Emaus verschwand.

Baluška ließ vom Feind ab, packte das Paket und setzte dem Hund nach. Aber es war nicht daran zu denken, dass er ihn einholte. Als er schließlich den Hund doch wieder zu Gesicht bekam, leckte sich der bereits genießerisch die Schnauze.

Niedergeschlagen kam Baluška nach Hause und begann eifrig, die Würste neben dem Schanktisch aufzuhängen.

»Hast du auch alle gebracht?«, fragte der Vater streng und zählte die Würste nach. »Zwei fehlen«, stellte er dann trocken fest und gab Baluška einen Wink: »Komm ins Zimmer!«

Willenlos folgte Baluška seinem Vater und machte sich daran, die Hose herunterzulassen.

»Nein, mein Liebling«, sagte der Vater, »zuerst gestehst du, warum du sie gegessen hast!«

»Ich habe sie nicht gegessen!«

»Wer denn?«

»Ein Hund.«

»Lüg nicht!«

»Doch, ein Hund hat sie aufgefressen, als mir das Papier zerriß«, jammerte Baluška.

»Du lernst wohl lügen?«, schrie der Vater. »Mutter, komm her! Siehst du, wie sich der Junge wieder in seinem Lügengewebe fängt? Du, ich habe dir nun schon oft genug gesagt, du sollst mir nicht mit Lügen kommen, und auf einmal fängst du an, dir Geschichten auszudenken? Du wirst ja ganz rot dabei. Ich werde dir aber helfen, du wirst schon noch gestehen! Du wirst so lange auf Erbsen knien, bis dir die Lust am Lügen vergeht!«

Baluška musste also knien! Er spürte jede Erbse, und ihm gegenüber saß mit strengem Gesicht die Mutter und las das Kirchenblatt. Ab und zu schaute sie zu ihm hinüber und fragte: »Hast du sie gegessen?«

»Nein!«

Wenn gerade kein Gast in der Schankstube war, kam der Vater ins Zimmer und sagte mit drohender Stimme: »Lüg nicht! Hast du sie gegessen?«

Baluška antwortete jedesmal unter Tränen: »Nein!«

Als der Abend herankam und zum Essen aufgedeckt wurde, kniete Baluška noch immer auf den Erbsen und antwortete weinend auf die erneute Frage: »Nein, ich habe sie nicht gegessen!«

Vom Tisch her dufteten verführerisch Rauchfleisch und Knödel. Baluška kniete noch immer auf den Erbsen. Schließlich konnte er es nicht mehr aushalten. Sehnlich wartete er darauf, dass man ihn wieder fragte.

Wie auf Bestellung fragte der Vater: »Ich ermahne dich jetzt zum letzten Male. Lüge nicht! Hast du sie gegessen?«

»Ja!«, schluchzte Baluka, ohne rot zu werden.

»So, dann kannst du nun auch die Hose herunterziehen«, sagte der Vater gutmütig, und Baluška eilte voll Freude zu ihm, um sich über das gütige väterliche Knie zu legen.

Hernach bekam er Rauchfleisch mit Knödel.

Als Baluška nach der überstandenen Marter schlafen ging, blickte er zum Bild des Schutzengels auf, das über seinem Bett hing, und flüsterte: »Gott sei Dank, jetzt kann ich lügen!«

DIE LEIDEN EINES ERZIEHERS

Ich habe große pädagogische Erfahrungen gesammelt, als ich beim Kommerzienrat Loskot die Stelle eines Erziehers antrat.

Er besaß nur einen Sohn, einen dreizehnjährigen Lausbuben. Der hatte schon seine alte französische Gouvernante zu Tode geärgert, ohne von seinem neunten bis zu seinem dreizehnten Lebensjahr auch nur ein Wort Französisch gelernt zu haben. Dieser Nichtsnutz hieß Eliáš.

Sein Vater hatte große Freude an ihm. Als er mir seinen Sprößling über die Ferien anvertraute, redete er des Langen und des Breiten über Kindererziehung und betonte, man müsse den Kindern viel Bewegung gönnen, sonst würden sie faul, schlafmützig und bequem. (Demnach müsste, wenn ein Kind vom Baum fällt, dies das beste Mittel gegen Faulheit und Schlafmützigkeit sein.)

»Eliáš ist«, sagte der glückliche Vater, »in dieser Hinsicht sehr schlau. Er läuft gern und tummelt sich viel herum. Deshalb ist er auch geistig und körperlich gut entwickelt. Jener Französin brachte er, obwohl sie schon über die Fünfzig war, den Langstreckenlauf bei, bis sie eines Tages der Schlag traf. Die Arme hatte Angst, es könnte ihrem Pflegebefohlenen etwas zustoßen; deshalb lief sie ihm mit ihren alten Beinen überallhin nach, einmal sogar von Beroun bis Příbram, in einem Trab. Das gab ihr den Rest. Schade, dass sie es nicht durchgehalten hat! Sonst hätte sie einen Weltrekord aufgestellt. Ihre letzten Worte, ehe sie den Geist auf-

gab, waren: ›Eliáš, du mir sagen Perfektum, von »aller« –
gehen!‹ Eliáš antwortete: ›Immer der Nase nach!‹ – und die
Französin fiel tot um.«

Ich traf also meine Vorbereitungen, um die Stelle eines
Erziehers anzutreten. Ich ließ mir einen Waffenpass aus-
stellen, kaufte einen Browning und forschte nach Büchern,
die darüber Auskunft geben, wie man die Jugend erziehen
soll.

Mir fiel ein kleines Büchlein über Erziehungsfragen aus
dem Jahre 1852 in die Hände. Sehr angenehm berührte
mich, dass dort stand, durch falsches Zartgefühl würden
die Kinder verdorben. In einem liebenswürdigen, angeneh-
men Stil stand dort zu lesen:

*Mitgefühl am rechten Ort ist zwar eine der edelsten Regun-
gen des Menschenherzens, aber dieses Gefühl muss auch
seine Grenzen haben und darf nicht in Schwäche ausarten.
Damit ist allerdings nicht gesagt, dass man ein Kind so ver-
prügeln soll, bis es ohnmächtig wird. Bemerkt man, dass
das Kind nahe daran ist, ohnmächtig zu werden, soll man
sofort mit dem Schlagen aufhören und sich bemühen, es
wieder zum Leben zu erwecken. Das gilt insbesondere bei
schwächlichen Kindern. Gesunde und stämmige Kinder
halten schon eine tüchtige Tracht Prügel aus.*

Ich merkte mir diese goldenen Worte eines Pädagogen der
alten Schule und machte mich auf die Reise. Mir kam es so
vor, als unternähme ich eine Strafexpedition gegen Wilde
oder etwas Ähnliches.

Die Mutter des Eliáš, eine stattliche Dame in den besten
Jahren, hieß mich willkommen und sagte mir, Eliáš wühle
wieder oben in der Bibliothek in den Büchern. Das über-

raschte mich, denn es ließ Eliáš in einem ganz anderen Lichte erscheinen. Ich rühmte also seine Wissbegierde, doch die Frau Kommerzienrat winkte ab und sagte, sie habe es ihm schon seit einigen Tagen verboten, aber vergebens.

Ich ging in die Bibliothek. Eliáš wühlte wirklich in Büchern. Er war unter einem ganzen Haufen von Büchern und Broschüren vergraben, die er aus dem Schrank geworfen hatte, und rief gerade: »Hier rechts liegt noch eine Leiche! Tragt sie vorsichtig, dass sie euch nicht unter den Händen zerbröckelt!«

Der Bücherhaufen fiel auseinander, und auf allen vieren kam Eliáš, mein neuer Schutzbefohlener, hervorgekrochen, zwei große Beulen auf der Stirn. Ohne große Umschweife sagte er: »Sie sind also der neue Erzieher! Wissen Sie, was ich eben gespielt habe? Den Einsturz des Berges Ararat. Ich habe aus Büchern eine Wand errichtet und sie dann so umgestoßen, dass ich verschüttet wurde. Eben habe ich Befehl gegeben, die übrigen Leichen zu bergen. Kommen Sie, helfen Sie mir, den Kram wegzuräumen, damit wir sie herausholen können!«

»Wen denn?«

»Meinen Kater. Den habe ich in die Katastrophe mitgerissen. Als die Wand einstürzte, fiel eine schwere, metallbeschlagene Bibel auf ihn.«

Der Kater lag tatsächlich unter der Bibel und einem weiteren großen Buch und gab kein Lebenszeichen.

»Wir müssen ihn elektrisieren«, sagte Eliáš, und ehe ich ihn daran hindern konnte, schraubte er eine Glühlampe aus und steckte das Bein des Katers zwischen die Kontakte. Es gab einen gewaltigen Krach. Eliáš schrie laut auf und lag auch schon auf dem Fußboden. Ich stellte fest, dass sich der Kater wieder bewegte, Eliáš aber war von dem Schlag betäubt. Als er schließlich zu sich kam, meinte er traurig: »Der Kater und ich wir müssen alles mögliche durchmachen. Wenn einer bei einer Sache Glück hat, erwischt es immer den andern.«

Sichtlich verdrossen ging er ins Speisezimmer, wo wir die Jause einnahmen. Er nahm den Mund voll Kaffee und spritzte sehr kunstvoll einen mächtigen Strahl auf den Papagei, der in einem Käfig am Fenster saß. Der begann aufgeregt zu krächzen: »Laß ihn, laß ihn!«

Dieser Erfolg versetzte Eliáš wieder in bessere Laune. Er begann von seinem letzten Erzieher zu berichten und sparte dabei keineswegs mit Schimpfworten. Er redete von ihm mit großer Verachtung, besonders die Glatze des Erziehers war Zielscheibe seines Spottes. So erzählte er, einmal habe eine Fliege gedacht, die Glatze sei ein Spiegel, habe sich darauf gesetzt und dort mit dem Eierlegen begonnen. Da habe er den Mund voll Wasser genommen, einen Strahl auf die Glatze gespritzt und die Fliege heruntergespült. Der Erzieher aber habe sich darüber so aufgeregt, dass er kündigte.

»Denken Sie nur«, fuhr Eliáš fort, »alle haben gedacht, ich hätte ihm absichtlich, aus purer Bosheit, auf den Kopf gespuckt, und dabei war ich völlig unschuldig! An allem war nur diese Fliege schuld. Ich konnte doch nicht erst Pfeil und Bogen holen oder sie mit dem Luftgewehr herunterschießen – da wäre erst eine Aufregung gewesen! Ich habe eben immer Pech, auch wenn ich wirklich nichts anstellen will. Neulich haben wir ›Quo vadis?‹ gespielt und die Mařenka vom Gärtner an einen Ochsen angebunden. Dann schlugen wir ihn mit der Peitsche, und er lief mit der Mařenka bis nach Hořovice auf den Marktplatz. Damals haben auch alle über mich geschimpft, denn als sie Mařenka suchten, wollte ich sie trösten und sagte, sie brauchten sich keine Sorgen zu machen, sie würden es schon aus der Zeitung erfahren. Ich wundere mich überhaupt, dass die älteren Leute den Kindern keine größere Freiheit gönnen. Wenn Ferien sind, schicken sie ihnen Erzieher auf den Hals. Sie können mir glauben, mir würde es gar nicht einfallen, etwas anzustellen, wenn ich nicht dauernd das blöde Gesicht eines Erziehers vor mir sähe. Das brauchen Sie natürlich nicht auf sich zu beziehen, aber bisher hat sich jeder dieser Herren für Gott weiß wie geistreich gehalten, und dabei haben sie es ganz dumm angefangen, wenn sie mich auf den rechten Weg führen wollten.«

Dann erzählte er mir noch von verschiedenen Kameraden auf dem Gut und im Dorf und fragte mich, ob Krokodile auch Hühneraugen hätten.

Soweit ich mich erinnere, habe ich gesagt, Hühneraugen seien bei Krokodilen durchaus keine Seltenheit, im Zoologischen Garten in New York (immer dieses Amerika!) hätte man an einem riesigen Krokodil eine Operation vornehmen müssen, denn die Hühneraugen hätten es so gequält, dass es vor Schmerz nicht mehr fressen wollte. Es seien die gewaltigsten Hühneraugen der Welt gewesen, sie hätten die Größe von riesigen Kartoffeln erreicht, und jedes habe mehr als ein halbes Kilogramm gewogen.

Wir fingen an uns gut zu unterhalten. Er erzählte mir, auf dem Hofe sei eine große Dogge, die jeden Fremden anfällt und ihm nur dann nichts tut, wenn er ihr Märchen erzählt; einem guten Märchenerzähler könne sie einen ganzen Abend lang zuhören.

Beim Abendessen betrug sich Eliáš gesittet; es war zu merken, dass er sich bei mir in ein vorteilhaftes Licht rücken wollte. Auch den Papagei ließ er in Ruhe, so dass der nur im Schlaf einige Worte sprach.

Nach dem Abendessen gingen wir zu Bett.

Ich legte mich nieder und las noch eine Weile.

Da öffnete sich plötzlich leise die Tür, und gleich darauf stand die große Dogge mitten im Zimmer. Von draußen war Eliáš Stimme zu hören: »Gib gut acht auf ihn, Labík!«

Die Dogge kam auf mein Bett zu und begann mich anzuknurren.

Ich saß hochaufgerichtet, meine Zähne klapperten.

Die Tür schloss sich. Je mehr ich mit den Zähnen klapperte, desto mehr fletschte die Dogge die ihren.

»Sei vernünftig«, redete ich der Dogge zu. »Labík, ruhig! Ich bin doch der neue Erzieher.«

Die Dogge schien das zu interessieren, aber es imponierte ihr nicht. Sie stellte die Vorderpfoten auf die Seitenwand meines Bettes, schaute mich unverwandt an und knurrte missbilligend.

Ich erinnerte mich, was mir Eliáš, dieser Nichtsnutz, von den Märchen erzählt hatte.

»Mein lieber Labík«, sagte ich zu der Dogge, »hör zu! Es war einmal ein König, der hatte drei Söhne. Einer davon …«

Der Hund knurrte noch lauter.

»Sei nicht böse«, stotterte ich, »wenn dir dieses Märchen nicht gefällt, erzähle ich dir ein anderes. Also: Vor vielen hundert Jahren, als die Menschen noch nicht so klug waren wie heute …

»Krrrrrr – haff …«

»Mein Gott, also etwas anderes! Sag nur, was du hören willst, Labík! Ein entlassener Soldat hatte nichts zu essen. Da ging er in einen tiefen Wald …«

»Krrrrrr …«

»Nun denn: Es war einmal eine böse Hexe. Die hatte im

Wald eine Hütte und darin einen schwarzen Kater …«

Gott mag wissen, wie lange das so ging. Vielleicht zwei Stunden, vielleicht auch drei. Jedenfalls waren alle, die unter meinem Fenster standen, wohin sie Eliáš geholt hatte, davon überzeugt, dass ich den Verstand verloren hätte.

In die nächtliche Stille klang ein Märchen nach dem andern. Es war einmal eine Mutter, die hatte neun Töchter …

Die Dogge rührte sich nicht mehr. Sie begann nur noch zu knurren, wenn ich einmal eine Pause machte.

Ich brachte bereits die Märchen durcheinander. Unten hörte man: »Es war einmal eine Prinzessin, die hatte an jedem Haar einen goldenen Schuh …« – »Es war einmal ein Bauer, der herrschte über ein großes Land und nahm sich einen Ochsenknecht zur Frau …«

Da ging die Tür auf. Zuerst pfiff der durchtriebene Lausejunge leise die Dogge zurück, dann rief er die Leute herbei.

Die stürzten sich auf mich. Der alte Gutsverwalter riet, man solle mich, bis der Arzt kommt, nackt ausziehen, in ein nasses Laken einwickeln und in einen Winkel legen. Das wirke oft Wunder.

Nach verzweifelter Gegenwehr lag ich im Winkel. Das Werk des Nichtsnutzes war vollendet.

Der Arzt, der mich in ein nasses Laken gewickelt und wie ein Paket in der Ecke liegend fand, war sofort davon überzeugt, dass ich nicht bei Verstand sein könne.

Jetzt liege ich im Sanatorium. Die Bekannten, die zu Besuch kommen und denen ich das erzähle, zucken die Achseln und sagen: »Erzählen Sie uns doch keine Märchen!«

Jaja, ein Erzieher hat es nicht leicht!

.

5. Lektion

Lieber Junggeselle bleiben

WIE ICH MIR EINEN KNOPF
AN DIE HOSE NÄHTE

Das Peinlichste, was einem zustoßen kann, ist, wenn man bemerkt, dass seine Kleidung empfindliche Mängel aufweist. In einem gewissen Fall kann sich ein Mann nicht in Gesellschaft sehen lassen, denn die Gesellschaft macht keinen Unterschied zwischen einem alten Junggesellen und einem verheirateten Mann, sondern verlangt von beiden ein gewisses Maß von Anstand. Hat einer die Knöpfe an der Hose nicht in Ordnung, so erregt er bei vielen voreingenommenen Menschen ein nicht unbeträchtliches Ärgernis. Die Gesellschaft beurteilt eine solche Angelegenheit nicht gerecht und betrachtet den wahren Sachverhalt weder von der psychologischen noch von der praktischen Seite. Sie vergisst, dass ein alter Junggeselle auch ein sehr schamhafter Mensch sein kann, der es nicht übers Herz bringt, eine Hose, an der ein Knopf fehlt, der Frau seines verheirateten Freundes zu bringen und sie zu bitten, liebenswürdigerweise das Kleidungsstück in einen Zustand zu versetzen, der von absoluter Ordnungsliebe zeugt. Würde beispielsweise ich mich mit einer solchen Bitte an die ledige Tochter meiner Wirtin wenden, wer weiß, ob sich dann nicht in ihrer zarten Mädchenseele eine gewisse Verachtung für mich breitmachen würde, die allerdings durchaus angebracht wäre.

So bleibt einem alten Junggesellen, der seinen guten Ruf nicht aufs Spiel setzen will, nichts anderes übrig, als sich den fehlenden Knopf selbst an die Hose zu nähen.

Vielleicht wird jemand einwenden, man könne sich mit dieser heiklen Frage ja an den Herrenschneider wenden, der die Hose gemacht hat. Aber keiner, der solche oder ähnliche Erwägungen anstellt, urteilt richtig, denn käme ich zu meinem Schneider und sagte zu ihm: »Hier haben Sie die Hose, mir fehlt da ein Knopf, nähen Sie ihn bitte an!«, würde ich mich sicherlich der Lächerlichkeit preisgeben, denn einen Knopf anzunähen, das erscheint sowohl dem Schneider als auch der breiten Öffentlichkeit als eine ganz leichte Sache. Sicherlich würde jeder staunend den Kopf schütteln, der erfährt, dass mir der Schneider einen Hosenknopf annähen musste. Das würde bedeuten, dass solch ein alter Junggeselle in aller Augen als ein Mensch dastünde, der nichts taugt, der verwöhnt und verhätschelt ist, ein aufgeblasener Dummkopf oder etwas Ähnliches.

Aus diesen Gründen machte ich mich selbst daran, mir den Knopf an die Hose zu nähen.

Zunächst jedoch ersetzte ich den abgerissenen Knopf durch eine Sicherheitsnadel. Im Gedränge in der Straßenbahn bohrte sich mir aber die Sicherheitsnadel ins Fleisch. Da nahm ich mir vor, nunmehr den Knopf anzunähen und nicht etwa nur anzustecken.

Ich bekenne ganz zynisch, dass der Verlust jenes Knopfes anfänglich bei mir keineswegs dramatische Konflikte auslöste. Erst als ich mich in der Nacht an die verschiedenen Blicke erinnerte, die mich während des ganzen Abends im Kaffeehaus verfolgten und deren ich mich auch nicht erwehrte, als ich den Rock zuknöpfte, reifte in mir der Entschluss, an dieser Stelle einen neuen Knopf zu befestigen.

Diesem Entschluss sollte nun die Tat folgen. Ich schnitt mir einfach einen Knopf von der Weste ab. Fehlt ein Knopf an der Weste, ist das bei weitem nicht so schlimm wie der

Verlust eines Knopfes an der Hose. Bei der Weste sieht es nur so aus, als wäre sie nachlässig zugeknöpft, was ja bei alten Junggesellen durchaus nichts Ungewöhnliches ist, wie ich aus eigener Erfahrung weiß; aber beleidigend wirkt das auf die Umgebung im Ganzen genommen nicht.

Anders verhält es sich freilich, wenn es jenen Teil der Kleidung betrifft, von dem ich sprach.

Aus diesen Gründen bereitete ich mich darauf vor, mir den Knopf anzunähen. Ich erinnerte mich, dass ich den ganzen Tag erregt war und dass sich diese Erregung von Stunde zu Stunde steigerte; je mehr ich darüber nachdachte. Jemanden fragen, wie man einen Knopf annäht, wollte ich nicht, um nicht als Dummkopf angesehen zu werden, der ich freilich in diesem Falle war, wie ich loyalerweise bekennen muss.

Zunächst ging ich in den Lesesaal des Nationalmuseums und ließ mir das Konversationslexikon, Band A, geben. Fieberhaft suchte ich das Stichwort »Annähen«.

Auf Grund meiner Erfahrungen protestierte ich gegen die Ansicht, unser Konversationslexikon sei vollständig. Im Band »A« steht vom Annähen eines Knopfes keine Silbe!! Ja, das Stichwort »Annähen von Knöpfen« fehlt überhaupt!

Im Band »K« fand ich zwar das Stichwort »Knopf«, aber dort stand: »Der Knopf ist ein Teil der Kleidung, mit dem man zwei Teile verbindet. Die Befestigung der Knöpfe erfolgt durch Annähen. Im alten Ägypten kannte man bereits Knöpfe, bei den Griechen und den Römern dagegen waren Knöpfe noch unbekannt. In Böhmen tauchten die ersten Knöpfe mit dem Vordringen des Christentums auf.«

Ich suchte also unter dem Stichwort »Christentum« irgendeine Bemerkung über Knöpfe, doch vergeblich.

Vielleicht ließe sich herausfinden, wie die alten Ägypter ihre Knöpfe annähten! Also Stichwort »Ägypten«! »In Ägypten«, las ich dort, »gaben die Priesterinnen des Gottes Rhoden toten Fürsten goldene Knöpfe in die Hand und beerdigten sie so.« Aber wie man Knöpfe annähte, davon stand kein Wort da.

Ich musste also auf meine eigene Kombinationsfähigkeit vertrauen. Durch tiefes Nachdenken gelangte ich zu der Ansicht, dass es am besten wäre, systematisch an die Sache heranzugehen.

Deshalb unterzog ich zunächst die Knöpfe einer eingehenden Betrachtung. Dabei bemerkte ich, dass jeder Knopf vier Löcher hat. Zuerst war es mir schleierhaft, wozu die Löcher dienen sollten, aber weiterforschend, welchen Einfluss diese Löcher wohl auf die ganze Angelegenheit haben könnten, kam ich zu dem Schluss, dass allem Anschein nach durch diese Löcher der Zwirn gezogen wird, und zwar mit Hilfe eines Handwerkzeuges, der Nähnadel. Die Nähnadel jedoch ist, wie ich im Konversationslexikon gelesen hatte, nichts anderes als eine bestimmte Form des Hebels. Zum Unterschied vom Schwein hat sie nur ein Öhrlein. Ich habe deren zwei. Durch die Öffnung in der Nadel zieht man, wie ich ermittelte, den Zwirn, und mit einer Bewegung, als wollte man etwas aufspießen, steckt man allem Anschein nach den Knopf auf den Zwirn; irgendwie wird man es dann schon zuwege bringen, dass die Hose durchstochen wird.

Meine Phantasie arbeitete immer lebhafter. Weil ich gehört hatte, dass Stahl sehr spröde ist, kaufte ich gleich ein Gros Nähnadeln. Außerdem ein Dutzend Spulen verschiedenen Zwirn, vor allem schwarzen. Aber auch weißen Zwirn besorgte ich mir, damit ich, falls sich der schwarze nicht bewähren sollte, zu diesem übergehen könnte. Auch braunen Zwirn hatte ich zur Hand, doch den wollte ich nur im äußersten Notfall verwenden, wenn sowohl der schwarze als auch der weiße Zwirn versagen sollten.

In dem Geschäft, in dem ich diesen Großeinkauf tätigte, fragte man, ob ich auch einen Fingerhut wünsche. Ich merkte, dass das etwas sehr Wichtiges sein müsse, und kaufte gleich zehn Stück. Aus dem Namen für dieses Ding schloss ich nämlich, dass man die Fingerhüte an die Finger steckt. Weshalb und warum, war mir ein Rätsel. Um aber keinen Fehler zu machen, musste ich zehn Stück auf einmal kaufen, für jeden Finger einen.

Als ich mit den gekauften Gegenständen den Heimweg antrat, kam ich mir wie ein Zauberer vor.

Zu Hause ließ ich erst ordentlich einheizen und mir drei Flaschen guten Wein bringen. Nachdem ich mich mit einem kräftigen Abendbrot und einem guten Schluck Wein gestärkt hatte, holte ich die unglückselige Hose hervor und machte mich mit Feuereifer an die Arbeit. Ich weiß es noch, als wäre es erst heute gewesen: Es war ein grausamer, ein erbitterter Kampf!

Am nächsten Morgen fand man mich, nur mit Hemd und Unterhose bekleidet, auf dem Fußboden liegend, eingesponnen in vierzehntausend Meter verschiedenfarbigen Zwirn. Ich schlief auf mehr als hundert Nadeln, und die Hose war ans Kanapee angenäht. An allen zehn Fingern trug ich Fingerhüte, und meine Wade war durch mehrere Stiche mit dem Teppich verbunden.

Was sollte ich tun?

Ich kaufte mir eine neue Hose.

ICH KOCHE EIER WEICH

Ich habe eine gute alte Tante. Ab und zu bekommt sie Anwandlungen von Verwandtenliebe. Fünfzehn Jahre lässt sie von sich nichts hören, und dann bringt mir der Briefträger plötzlich ein Paket ins Haus, das meine Tante in einer solchen Anwandlung von Liebe zu ihrem Neffen abgeschickt hat.

Das letzte Mal schickte sie mir vor mehr als vierzehn Jahren einen gewaltigen Kuchen, und jetzt stellte mir die Post einen großen Korb zu. Darin fand sich ein Schock Eier – und folgender ergreifender Brief:

Lieber Neffe!

Wie freue ich mich, dass ich Dir ein Schock Eier aus meiner eigenen Aufzucht schicken kann! Lieber Junge, ich habe Dich sehr gern, und so denke ich mir, da ich wohl nicht mehr lange auf dieser Welt sein werde, ist das vielleicht die letzte Gunst, die ich Dir erweisen kann. Koch sie Dir selbst weich und denke an Deine alte Tante Anna! Ach, möchten doch diese sechzig Eier in Dir die Erinnerung an den kleinen Hof im Norden des Landes wachrufen, auf dem die Leghennen fröhlich gackern und Deiner gedenken, gemeinsam mit

Deiner Dich herzig liebenden
Tante Anna

Aus Pietät für meine Tante entschloss ich mich, alle sechzig Eier weich zu kochen.

In der Nacht träumte ich sogar davon.

In meinem ganzen Leben hatte ich mich nie mit der Frage beschäftigt, wie man eigentlich Eier weich kocht, nach längerer Überlegung aber gelangte ich zu der Ansicht, man müsse sie kochen, wenn man sie weich kochen will. Dies erschien mir als der einzig mögliche Standpunkt und als einziger Ausweg aus einer so bedenklichen Situation, wie es das Weichkochen von sechzig Eiern ist.

Ich esse sehr gern weichgekochte Eier. Weil ich aber trotzdem nicht sechzig weichgekochte Eier auf einen Sitz essen kann, trug ich mich mit dem Gedanken, sie zu konservieren. Lange dachte ich darüber nach, wie ich das bewerkstelligen könnte.

Plötzlich befand ich mich in einer sehr verzwickten Lage. Ich weiß, dass man sich in Zeitungen und anderen Druckerzeugnissen häufig über junge Ehefrauen lustig macht, die nicht einmal Eier weich kochen können, aber dass ein alter Junggeselle Eier kochen muss, darüber wurde bisher nichts geschrieben, und deshalb will ich wahrheitsgemäß alles aufzeichnen, so, wie es sich zugetragen hat.

Zuerst kaufte ich mir verschiedene Bücher über Geflügelzucht, denn ich nahm an, ich würde dort in erster Linie Belehrung darüber finden, wie man Eier kocht.

Leider fand ich in allen Fachschriften über Geflügelzucht keine einzige Stelle, an der diese Frage nach Gebühr behandelt worden wäre. Zwar stand in diesen Schriften sehr viel über Eier zu lesen, zum Beispiel, dass aus Eiern Kücken auskriechen, und ähnlicher Unsinn. Es fand sich dort auch der Hinweis, dass Eier trocken zu lagern sind, ferner eine Anleitung, wie man Eier ausbrüten lassen kann. Weil mir aber die Tante die Eier mit der Weisung geschickt hatte, sie weich zu kochen, und nicht, sie auszubrüten, klappte ich unwillig das Buch zu.

Ich wollte auch nicht bei meinen Bekannten anfragen, wie man Eier kocht, und deshalb fasste ich den Entschluss, in einen Lesesaal zu gehen und wieder zum Konversationslexikon zu greifen.

Unter dem Buchstaben »E«, Stichwort »Eier«, fand ich die Bemerkung, sie seien ein Produkt aus dem Tierreich, und alle Vögel legten Eier. Darüber begann ich tief nachzudenken. Diese Ansicht war mir zwar keineswegs neu, aber nichtsdestoweniger fand ich sie jetzt schwarz auf weiß, wodurch ihre Glaubwürdigkeit gesteigert wurde. Es ist also nicht nur eine Volksüberlieferung, sondern die Wissenschaft bestätigt diese Meinung ausdrücklich und stützt sie mit einem ganzen Artikel.

Ich forschte weiter, wie man Eier kocht. Man möchte nicht glauben, dass eine solch komplizierte Frage von den Kreisen der Wissenschaft einfach übergangen wird. Nirgends steht etwas Näheres darüber.

Im Konversationslexikon stieß ich lediglich auf die Angabe, Eier dienten als Speise und könnten in verschiedener Weise zubereitet werden, aber wie man diese Speisen zubereitet, das blieb mir auch nach dreistündiger Vertiefung in das Konversationslexikon ein Rätsel.

Ich fand zwar einige Sätze, die diese Frage wenigstens von ferne berühren, zum Beispiel: »In England dienen die Eier meist in rohem oder in gekochtem Zustand als Nahrung, und zwar hart oder weich gekocht. In keinem ordentlichen englischen Haushalt darf auf dem Frühstückstisch ein weichgekochtes Ei fehlen. Weichgekochte Eier werden überhaupt bei jeder Gelegenheit gereicht.« Aber wie man es macht, dass die Eier in diesem Zustand auf den Tisch kommen, erfuhr ich nicht.

Mir blieb nichts anderes übrig, als den Versuch zu machen, selbst die ganze Theorie des Eierkochens zu entwickeln und sodann von ganz allein zu einem ordentlichen Ergebnis zu gelangen, und sei es auch unter Verlust einiger Eier, die ich wegwerfen müsste.

Ich kaufte mir also einen Spirituskocher, fünf Liter Spiritus sowie einen Papinschen Topf, dessen Verwendung mir aus meiner Gymnasialzeit vom Physikunterricht her bekannt war.

Dann ging ich ans Werk. Ich goss in den Papinschen Topf Wasser, legte zehn Eier hinein und zündete den Spirituskocher an.

Nach einer Viertelstunde nahm ich die Eier aus dem Papinschen Topf heraus. Ich klopfte beim ersten die Schale auf – das Ei war noch hart. Ich wiederholte das beim zweiten – ebenfalls hart. Alle Eier waren noch hart. Ich pellte also bei allen Eiern die Schale ab und warf die Eier neuerlich in den Papinscheu Topf. Nun kochte ich sie eine Stunde. Sie waren noch immer fürchterlich hart. So kochte ich sie denn bis zum Morgen. Doch weich wurden sie nicht.

Am Morgen fand man mich im Eierkorb liegen. Ich war aus lauter Verzweiflung darüber, dass es mir nicht gelungen war, auch nur ein einziges Ei weich zu kochen, hineingesunken. Die Eier aber waren hart wie zuvor.

6. Lektion

Nachhilfe in Sachen Liebe

KIRMES IN KŘIVICE

Es war etwa Mitternacht, als ich heimlich das Schloss der Grafen von Dobřeno verließ, um die Kirmes in Křivice zu erleben.

Schließlich ist der Mensch ein gesellschaftliches Wesen, ein zoon politikon, ein politisches auch.

Außerdem hatte ich schon volle vier Jahre keine größere Rauferei mitgemacht. Die letzte, die Erwähnung verdient, war in Mydlovary gewesen, im Gasthaus meines Großvaters. Dieser würdige Greis hatte sich an der allgemeinen Rauferei beteiligt, jedoch nicht etwa an der Seite seines wohlgeratenen Enkels, sondern gegen ihn.

In der Folgezeit besuchte ich manche Kirmes, aber ich muss feststellen, dass das tschechische Volk absolut schlapp geworden ist. Wo sind die Zeiten hin, in denen einer ein Bierglas ergriff, und es gegen die Hängelampe im Saal schleuderte! Natürlich wurde es dann finster, und nun schlugen Schuldige und Unschuldige aufeinander ein, und schon war die schönste Keilerei im Gange.

Heute ist es bei der Kirmes still. Vielleicht ist der Graf Thun mit seinen Versöhnungsreden daran schuld. Die Hoffnung, eine schöne Rauferei zu sehen, erfüllte sich also nie.

In Křivice gibt es zwei Gasthäuser. Das obere und das untere. Im unteren Gasthaus war nichts los. Außer dem Pfarrer und dem Bürgermeister saßen nur fünf Mädchen mit ihren Müttern herum.

Als die Musik ein neues Stück begann, forderte ich den Herrn Pfarrer zu einem Tänzchen auf. Nebenbei gesagt, ich verstehe überhaupt nichts vom Tanzen. Ich war jedoch sehr verwundert, dass sich der Pfarrer durch meine Aufforderung beleidigt fühlte. Er winkte, und der Gemeindepolizist erhob sich von der Bank, wo er dadurch für Ordnung gesorgt hatte, dass er aus einem mächtigen Zwei-Liter-Krug trank.

Der Hüter der Ordnung leerte erst rasch seinen Krug, dann führte er mich hinaus auf den Dorfplatz. »Gnädiger Herr!«, sagte er. »Wenn Sie sich unterhalten wollen, gehen Sie doch ins obere Gasthaus, und seien Sie so liebenswürdig – ich habe großen Durst!«

So wie überall, wohin ich kam, hatte auch hier der Gemeindepolizist großen Durst, vom frühen Morgen bis zum späten Abend und von einem Tag zum andern.

Zuerst begreift einer, dem die Verhältnisse unbekannt sind, nicht, warum er so liebenswürdig sein soll, wenn jemand Durst hat. Aber die Gemeindepolizisten haben ja auch noch Hände. Und die strecken sie aus – wie die Eisenbahner auf der Strecke Saloniki–Konstantinopel.

Und dann ihre schönen Augen! Ich habe schon viele schöne Augen gesehen, aber solche Augen, wie sie der Gemeindepolizist in Křivice hatte, noch nicht. Sie blickten mich so unsagbar traurig an und dabei mit derartiger Erwartung – wie ein Mädchen, wenn es ahnt, dass es den ersten Kuss bekommt.

Hier taten es 40 Heller. Das Mädchen bekam den ersten Kuss und war zufrieden. Der Gemeindepolizist salutierte und verschwand wieder im Gasthaus.

Ich stand vor dem geschmacklosen Schlösschen des Barons Mainold, der sich vom verarmten Adeligen zum

Pferdehändler heraufgearbeitet hatte. Übrigens handelte er auch mit Hunden.

Während ich noch so vor dem Schlösschen stand und beim Schein des Mondes darüber nachdachte, wovon die Adeligen heutzutage leben, drangen vom oberen Gasthaus die Töne einer absonderlichen Musik an mein Ohr. Es war zu erkennen, dass die Mitglieder der Kapelle Verstand und Kunst völlig aufgegeben hatten.

Das erschien mir nicht weiter verwunderlich; in Křivice dauert nämlich die Kirmes drei Tage, und es war schon der dritte Tag.

Die Musikanten, die völlig betrunken waren, wie es in dieser Gegend üblich ist, hatten ihre Instrumente getauscht. Als ich ins Gasthaus eintrat, versuchte gerade der Bassgeiger, auf der Trompete den »Herrn Johannes« zu blasen, und der Primgeiger schlug die Tschinellen, dass es nur so krachte. Der Musikant, der ihm das Schlagzeug abgetreten hatte, konzentrierte seine ganze Energie auf die Geige und untermalte die Melodie des »Herrn Johannes« mit dem fürchterlich falsch gespielten Lied »Überleg dir's gut, Mařenka!« Der Kapellmeister aber lag unter einer Bank und schnarchte. Die kreuz und quer herumliegenden Notenständer bildeten über ihm gleichsam ein Schutzdach. Die Noten bedeckten sein schmutziges, verschmiertes und zerkratztes Gesicht. Einen Schuh hatte er ausgezogen, den andern halb. Es war zu sehen, dass er angestrengte Versuche unternommen hatte, sich wenigstens einigermaßen Bequemlichkeit zu verschaffen, doch war ihm dies nicht geglückt.

Im ganzen machte die Kapelle den Eindruck einer geschlagenen Armee. So verzweifelt haben wohl die

Militärkapellen Napoleons in den Schneewüsten Russlands auf ihrem Rückzug von der Beresina gespielt.

Über dem ganzen Raum lag bleierne Müdigkeit. Diejenigen, die alle drei Tage durchgehalten hatten, sahen aus wie nach einer anstrengenden Bergbesteigung.

Durch den Saal wälzten sich Wolken von Rauch und Staub, überall roch es nach Bier und Schnaps, alle die kleinen Freuden im Leben des tschechischen Landvolkes waren in jedem Winkel zu spüren, vom Schanktisch bis zur Tür.

An den Wänden des Saales standen Tische, und daran hockten die Unentwegten, die schon seit Sonnabend feierten.

Und in einer Ecke saß Mařka. Ich werde sie so nennen, weil sie selbst mir ohne Umschweife diesen Namen genannt hat. Ihren Familiennamen kenne ich nicht.

Auch hier begann mein Abenteuer mit einem Tanz. Diesmal war Damenwahl. Den Anstoß dazu hatte der unglückselige Kapellmeister gegeben, der allem Anschein nach auch die Würde eines Tanzmeisters innehatte. Er wollte sich wohl gerade auf die andere Seite wälzen; dabei riss er einige weitere Notenständer um. Einer fiel ihm auf die Nase, wodurch er für einen Augenblick aus seinem Schlaf erwachte. Er blieb zwar liegen, aber trotzdem gelang es ihm zu brüllen: »Damenwahl, eins, zwei!« Und schon schnarchte er wieder.

Ich saß in einem Winkel, denn es heißt ja: »Mädchen, bleib im Winkel hinten, bist du brav, wird man dich finden«, und ein anderes Sprichwort besagt, dass das Veilchen im Verborgenen blüht.

Ich wurde gefunden – von Mařka. Es ist schwer, ihre Erscheinung jemandem zu schildern, der sie nicht gesehen hat: ein rundes Gesicht, sonnenverbrannt, Hüften und Brüste, die wenigstens einen Kubikmeter Luft verdrängten – und erst die Beine! Hier hatte die Natur in ihrer unendlichen Güte weder mit Fleisch noch mit Knochen gespart. Und diese Arme! Noch heute sehe ich Maŕkas Arme vor mir. Beim Internationalen Athletentreffen in einem Prager Varieté trat einmal der Champion Südamerikas auf, der Neger Zipps; der hatte ähnliche Arme wie Maŕka, nur nicht so muskulös.

Nun stellen Sie sich vor: Dieses Mädchen trat an meinen Tisch, klopfte mir auf die Schulter und sagte schlicht: »Ich heiße Maŕka, kommen Sie tanzen!«

Zaghaft bemerkte ich, ich könnte gar nicht tanzen. Eine Weile schaute sie mich verdutzt an, dann begann sie zu lachen, doch schließlich ging sie wieder in einen ernsten Ton über und sagte, dann trinke sie eben mit mir ein Glas Schnaps.

Sie hatte große blaue Augen, und wie sie zu trinken verstand! Ein solches Blau hatte ich vorher nur ein einziges Mal gesehen, nämlich als mir einmal in einer Drogerie eine Schachtel mit Kobaltsulfat, das im Volksmund Waschblau heißt, auf den Kopf fiel und dort zerplatzte.

»Geben Sie mir noch ein Glas!«, sagte sie fröhlich und setzte sich neben mich.

Ihr Kleid war aus rotem Kattun, sie trug weiße Strümpfe und um den Nacken ein grünes Tuch. Das ganze Duftgemisch der Kirmes hatte ihr Kleid durchdrungen: Tabak, Bier, Schnaps.

Bald kam sie ins Reden: Schon den dritten Tag sitze sie nun im Gasthaus. Eine Freundin habe ihr versprochen, sie zu begleiten, aber vor einer Stunde sei sie mit einem Herrn fortgegangen und nicht mehr wiedergekommen.

Nun ja, ihre Freundin wohne ja in der Nähe, sie aber habe einen weiten Heimweg, sie wohne in Lhota, bis dahin sei dreiviertel Stunden zu laufen, und der Weg führe immer am Fluss und an Felsen entlang. Wenn man zu den Felsen komme, sei es unheimlich, denn dort spuke es.

Es muss dort schrecklich spuken, denn sie drückte mich an die Wand. Ich rutschte ein Stückchen weiter weg.

Mařka ging in einen klagenden Ton über. In diesem Augenblick sah sie aus wie der »Verliebte Teufel« des spanischen Malers Zarro.

Das um zwei Köpfe größere, robuste, lebensprühende Mädchen, das drei Tage Trinken und Tanzen im verrauchten Tanzsaal nicht müde gemacht hatten, wurde plötzlich zärtlich und begann von ihrem »Väterchen« zu sprechen. Dieses Wort klang bei ihr ungemein zart. Ihr Väterchen habe ihr nur für zwei Stunden erlaubt, nach Křivice zu gehen und bei der Kirmes zuzuschauen, und nun sitze sie schon den dritten Tag hier, und dabei gefalle es ihr gar nicht. Was werde wohl ihr Väterchen sagen, wenn sie nach Hause komme! Es dauere nicht mehr lange, da breche der Morgen an, und dann könne sie unmöglich heimgehen. Was würden die Leute von ihr denken, wenn sie erst am Morgen zurückkäme! Nein, sie müsse sich jetzt auf den Weg machen, solange es noch dunkel sei. Aber sie fürchte sich doch so! Bei den Felsen spuke es ja so furchtbar! Zunächst gehe es durch den Wald, sie kenne den Weg gut, und dann komme man zu einer leeren Hütte, die die Jäger bei plötzlichem Unwetter aufsuchen. In dieser Hütte liege weiches Moos; wenn einer müde sei, könne er sich dort eine Weile ausruhen.

Aus ihren großen blauen Augen rannen Tränen. Sie sah aus wie ein gezähmter Tiger. Dann sagte sie schmeichelnd:

»Ich will aber nicht, dass mich einer von den Burschen hier begleitet! Die gefallen mir nicht. In dieser Beziehung bin ich eigen. Ich gehe nur mit einem, der mir gefällt.«

Sie wurde immer lebhafter und sagte: »Sie haben einen sonderbaren Kopf, so rund! Jeje, Sie haben ja Hände, so weich wie der Herr Pfarrer! Und Sie tragen keinen Schnurrbart. Sie rasieren sich und haben so kurzes Haar!«

Sie rutschte näher zu mir. Mein Gott, waren das Kalorien! Und dabei flüstete sie mir ins Ohr: »Kommen Sie, begleiten Sie mich! Wir gehen über den Hügel, und gleich sind wir bei der Hütte.«

»Gut«, sagte ich, »ich gehe voraus, damit es nicht auffällt, und erwarte Sie vor dem Schlösschen.«

Schon war ich draußen und lief auf der Straße in entgegengesetzter Richtung davon. Schließlich verbarg ich mich im Unterholz.

Bald darauf hörte ich vom Schlösschen her kräftiges Pfeifen und hernach Mařkas Stimme: »Euer Wohlgeboren, junger Herr! Ich bin da!« Dann war alles still, doch eine Weile später klang es wieder durch das nächtliche Tal: »Euer Wohlgeboren, Euer Wohlgeboren, junger Herr, junger Herr!«

Ich habe mich nicht über sie gewundert. Wo es doch, wenn man zu den Felsen kommt, so schrecklich spukt! Und je länger ich in meinem Versteck darüber nachdachte, desto mehr tat sie mir leid.

Als ich wieder zum Schlösschen kam, rief ich ins Tal: »Mařka, Mařka!«

Aber niemand gab mir Antwort. Enttäuscht kehrte ich nach Křivice zurück.

Eigentlich hätte ich Mařka doch gern vor den Gespenstern beschützt.

DAS VERSPRECHEN

»Herr Štecl hat sich also noch immer nicht erklärt?«

»Bisher noch nicht, Vater.«

Der Stationsvorsteher Šťastný seufzte und trat ans Fenster. Nervös trommelte er mit den Fingern das Signal an die Scheibe: »He, Soldaten, Zapfenstreich!« Schließlich hörte er auf zu trommeln und setzte sich aufs Sofa.

Im Zimmer war es still. Frau Šťastná saß am Tisch und häkelte, Fräulcin Boženka hatte ein Buch vor sich, und Herr Šťastný machte ein finsteres Gesicht.

»Hast du nicht den Eindruck, dass er ein Sonderling ist, Boženka?«, unterbrach der Stationsvorsteher das Schweigen.

»Nein, er redet ganz vernünftig.«

Da ließ sich Frau Šťastná vernehmen: »Nun laden wir ihn schon seit drei Jahren an den Feiertagen zum Mittagessen ein!«

»Und er leistet unserer Einladung regelmäßig Folge«, bemerkte Herr Šťastný, »und benimmt sich ganz ungezwungen.«

»Er gähnt sogar manchmal«, warf die Frau Vorsteher ein, »und er frisst wie ein Scheunendrescher! Ich denke immer, uns bleibt dies oder jenes für das Abendessen übrig, aber kein Gedanke! Er nimmt von allem zweimal. Und die Reden, die er dabei führt!«

»Das letzte Mal hat er über die Affen gesprochen«, sagte der Vorsteher. »Ein Affe, hat er gesagt, kratzt den andern und sucht ihm die Flöhe, was sehr lustig aussieht. Ein anderes Mal wieder hat er erklärt, wer Bierhefe isst, bekommt keinen Ausschlag!«

»Und einmal hat er zu mir gesagt«, meinte die Frau Vorsteher, »gnädige Frau, hat er gesagt, ich habe einmal einen Krug gesehen, der hat einen Trauermarsch gespielt. Da war so ein Mechanismus drin, man brauchte ihn bloß aufzuziehen, schon ging es los.«

»Und was hat er gestern zu dir gesagt, Boženka, als wir euch allein gelassen hatten?«

Das Fräulein seufzte: »Da hat er gesagt: Sehen Sie, Fräulein, das Leben ist doch eine sehr schöne Sache! Keiner hat das Recht, es sich zu nehmen, und doch enden so viele Leute durch Selbstmord. Wie einer meiner Bekannten. – Vielleicht aus unglücklicher Liebe?, fragte ich ihn. Doch Herr Štecl machte nur eine wegwerfende Handbewegung: Wegen Schulden, Fräulein! An solche Dummheiten wie Liebe hat er nie gedacht. – Liebe soll Dummheit sein?, habe ich da gefragt, doch Herr Štecl machte wieder seine wegwerfende Handbewegung: Wie man's nimmt! So mancher verliebt sich und vernachlässigt seine sonstigen Pflichten. Da hatten wir so einen Fall bei uns in der Kanzlei. Einer verliebte sich, und man musste ihn entlassen, denn er schrieb lauter Unsinn, und einmal verzählte er sich an der Kasse um volle tausend Kronen. Manch anderer wieder verliebt sich und verblödet ... – Erlauben Sie, unterbrach ich ihn, haben Sie sich nie verliebt? – Was fällt Ihnen ein, erwiderte er verwundert, warum sollte ich mich denn verlieben? Ich bin mit meinem Junggesellenleben recht zufrieden. Ich lebe ungemein ruhig und außerordentlich bequem. – Und haben Sie überhaupt nicht die

Absicht, sich jemals zu verlieben? – In absehbarer Zeit bestimmt nicht, Fräulein!«

»Dazu hätten wir euch nicht allein zu lassen brauchen«, bemerkte der Herr Vorsteher.

»Was denkt er sich eigentlich?«, fragte die Frau Vorsteher verdrossen. »Das Städtchen ist viel zu klein, als dass wir nicht ins Gerede kämen! Ich wundere mich überhaupt, wie wir uns mit Herrn Štecl so weit anfreunden konnten, dass wir ihn so oft zum Essen einladen!«

»Ihr habt ein schwaches Gedächtnis, meine Lieben!«, sagte der Vorsteher grimmig. »Als vor vier Jahren die Zuckerfabrik hier gebaut wurde, das wisst ihr sicherlich noch sehr gut, da verursachte die Mitteilung, der Buchhalter in der Zuckerfabrik, Herr Štecl, sei jung und ledig, bei uns allerlei Aufregung!«

»Und Herr Štecl ging in das gleiche Gasthaus wie du«, sagte Frau Šťastná vorwurfsvoll, »und du hattest nichts Eiligeres zu tun, als ihn einmal zu Pfingsten zum Mittagessen mitzubringen!«

»Du hast mir ja dauernd in den Ohren gelegen«, meinte Herr Šťastný traurig, »das Mädchen ist heiratsfähig, Herr Štecl ist eine gute Partie, den müssen wir uns halten, und anderes Larifari. Und was macht Herr Štecl? Er isst und trinkt sich satt und geht dann zufrieden nach Hause, seinen Bauch auszuruhen. Da bleibt nichts anderes übrig, ich muss die Sache selbst zum Abschluss bringen. Er muss sich jetzt erklären! Das wäre ja gelacht, wenn er nicht wollte!«

»Wenn er nicht wollte, wenn er nicht wollte«, äffte ihn seine Frau nach, »warum sagst du nicht lieber, er muss wollen?!«

»Lass mir meine Ruhe!«, ereiferte sich Herr Šťastný. »Wenn er das nächste Mal zu uns kommt, nehme ich ihn ins Gebet. Ich mache mit ihm einen kleinen Bummel, schließlich bin ich ein guter Redner ...«

Bei den Worten »ein guter Redner« lachte die Frau Vorsteher verächtlich.

Am Sonntag machte der Herr Vorsteher mit Herrn Štecl vor dem Mittagessen einen Bummel durch die Stadt.

Herr Šťastný wartete nur auf eine Gelegenheit, sein Opfer auf die Vorzüge einer Heirat hinzuweisen.

Plötzlich fuhr in einer Kutsche ein Brautpaar vorüber, dem andere Kutschen mit den Hochzeitsgästen folgten.

Da packte der Herr Vorsteher den Herrn Buchhalter aus der Zuckerfabrik am Ärmel. »Schauen Sie nur, alle haben gedacht, der Hradecký nimmt die Emma gar nicht«, sagte er und deutete auf den Bräutigam in der Kutsche, »und dabei ist er immer zum Mittagessen hingegangen, zur Familie Zeman, wissen Sie? Die ganze Stadt hat darüber gesprochen. Es hieß ganz allgemein, der Hradecký ginge nur dem guten Mittagessen zuliebe hin, und nun haben sich die Leute doch geirrt! Jaja, was ein guter Charakter ist, der weiß, was er zu tun hat. Er beendete eine solche Angelegenheit ehrenhaft. Übrigens, ist es denn nicht gut, verheiratet zu sein? Sie sehen es doch an mir, wie glücklich ich lebe. Herrlich und zufrieden. Ich habe mein gutes Essen; Kleider und Wäsche sind immer in Ordnung; wenn ich auch nur einmal huste, steht gleich der Tee bereit; und habe ich gar Schüttelfrost, macht mir meine Frau sofort einen Ziegel heiß, fürs Bett, wissen Sie, zu den Füßen! Fürsorge und Liebkosungen – das alles erwirbt man, wenn man heiratet. Wenn ich Ihnen raten darf: Heiraten Sie, Herr Štecl, Sie werden sehen, Sie sind nicht enttäuscht! Haben Sie nur Vertrauen zur Ehe! Das ist doch kein Leben, so ganz allein wie ein Zaunpfahl dazustehen ... Es ist nicht

gut, dass der Mensch allein sei ... Ein lediger Mensch –
das ist so, wie soll ich es nur ausdrücken, nun eben so wie
ein Zaunpfahl ... Das Weitere sage ich Ihnen in der Weinstube. Sie sind mein Gast ...«

In der Weinstube nötigte der Herr Vorsteher dem
Beamten der Zuckerfabrik rasch nacheinander zwei Viertel Wein auf und fuhr dabei fort, den Ehestand zu prei-
sen: »So ein zartes Wesen, so ein junges Weibchen – das
macht einem Mann nur Freude! Jaja, es ist schon so, wie
ich sage: Ein reizendes Geschöpfchen! Wenn es verliebte
Augen macht ... Kamerad, heiraten Sie! Versprechen Sie
mir, dass Sie heiraten! – He, Freund, geben Sie mir Ihre
Hand darauf, dass Sie bald heiraten, ich kann Sie einfach
nicht mehr ledig sehen!«

»Herr Šťastný, ich verspreche Ihnen also, dass ich heiraten werde. Hier ist meine Hand darauf!«

»Dass Sie bald heiraten werden?«

»Ja, Herr Šťastný, so bald wie möglich.«

Die Herren reichten einander die Hände, und Herr
Štecl wunderte sich, warum ihm der Herr Stationsvorsteher die Hand so kräftig drückte.

Wenig später führte Herr Šťastný glücklich und zufrieden seinen Gast zum Mittagessen.

Kurz darauf nahm Herr Štecl in der Zuckerfabrik Urlaub
und trat eine Reise an.

Nach drei Wochen erhielt Herr Šťastný folgenden Brief:

Sehr geehrter Herr!

*Sicherlich erinnern Sie sich daran, dass ich Ihnen versprach,
so bald wie möglich zu heiraten. Ich bin nun dabei, mein*

Versprechen einzulösen. Gestern habe ich meine Verlobung mit Fräulein Kamila gefeiert, der Tochter des hiesigen Bürgermeisters, Herrn Kolívka. Sie hat seinerzeit mit meiner Schwester in Prag die Höhere Mädchenschule besucht. Ich hoffe …

Weiter las der Herr Vorsteher nicht. Der Brief entfiel seiner Hand. Man erzählt sich nur so viel, Herr Šťastný sei in fürchterlicher Wut im Zimmer auf und ab gelaufen und habe sich nicht mehr beruhigen wollen …

PEPÍČEK NOVÝ ERZÄHLT VON DER VERLOBUNG SEINER SCHWESTER

Mein Vater ist höherer Staatsbeamter und heißt Nový. Meine Schwester heißt Matylda. Sie hat auch einen Staatsbeamten geheiratet. Der heißt Handšlág.

Zuerst ist meine Schwester mit einem Herrn von der Statthalterei gegangen. Mein Vater kümmerte sich darum, dass er befördert wurde. Als er befördert worden war, weinten Mutter und Matylda, weil dieser Herr nun aufhörte, mit Matylda zu gehen.

Hernach kam immer ein Studienrat zu uns. Der zeigte ständig mit den Händen: so, so! Und jeden zweiten Satz begann er mit den Worten: »Streng genommen …« Einmal brachte er mir einen Globus mit; als er dann später nicht mehr zu uns kam, ließ er ihn wieder abholen.

Nach dem Studienrat ging Matylda mit einem Ingenieur vom Landesausschuss. Der hatte die Gewohnheit, dauernd zu streiten, und seine ständige Redensart war: »Das Interesse des Landes erfordert es.« Matylda hatte ihn sehr gern, und sie weinte den ganzen Tag, als ihn unser Vater eines Tages hinauswarf, weil der Ingenieur wollte, dass das Geld im Lande bleibt und nicht nach Wien geschickt wird.

Hierauf führte der Vater einen Beamten aus seinem Referat bei uns ein. Das war ein ganz stiller Mensch. Mit ihm sprach er oft bis tief in die Nacht über dienstliche

Angelegenheiten. Matylda saß mit einer Handarbeit daneben, der Vater und jener Herr aber sprachen von Politik und tranken dazu Wasser.

Matylda hatte diesen stillen Herrn sehr gern. Dann stellte sich heraus, dass dieser stille Herr irgendwo in Mähren drei Kinder hat. Seitdem kam er nicht mehr, und der Vater sagte nur, er sei versetzt worden.

Ein halbes Jahr lang kam niemand zu uns. Matylda ging mit einem Offizier, aber so, dass man zu Hause nichts davon wusste.

Doch eines Tages entdeckte der Vater ihr Geheimnis und sprach mit ihr ein ernstes Wort. Sie wurde über und über rot. Dann haben wir alle geweint, weil der Vater in einem fort sagte: »Diese Schande, nein, diese Schande!«

Gleich am nächsten Tag brachte der Vater einen hageren Mann mit, und das war eben jener Handšlág.

Als er wegging, sagte der Vater, das sei ein sehr begabter Mensch. Nach jedem Wort sagte er: »Küss die Hand, gnädige Frau Rat!« Und zum Vater sagte er: »Euer Wohlgeboren, Herr Rat!« Mein Vater ist nämlich sein Vorgesetzter.

Nach zwei Tagen kam er wieder und war ebenso höflich. Dauernd sagte er »Mit Verlaub« und »Gnädige Frau«, und er küsste der Mutter die Hand. Er blieb auch bei uns zum Abendessen. Zu allem, was der Vater sagte, nickte er; jeden Bissen schluckte er voll Hochachtung, und er kaute leise, wobei er sagte: »Mit Verlaub, es ist vorzüglich!« Er sagte auch: »Wie Sie befehlen, Herr Chef!«

Als er weg war, wurde ich ins Bett geschickt, und im Speisezimmer tagte der Familienrat. Ich lauschte an der Tür, wie ich es immer mache, und da hörte ich, wie der Vater sagte: »Du nimmst ihn auf Grund meiner väterli-

chen Befehlsgewalt, und er heiratet dich als pflicht-
bewusster Staatsbeamter!« Dann hörte ich, wie Matylda
sagte, er sei ein Trottel.

Die Mutter seufzte und sagte, Matylda brauche ihn ja
vor der Hochzeit nicht gern zu haben; sie habe als Mädchen den Vater auch nicht gern gehabt, das sei erst fünf
Jahre nach der Hochzeit gekommen. Aber Matylda dürfe
es diesem Narren nicht zu erkennen geben, dass er ein
Trottel sei und dass sie ihn nicht liebe.

Matylda jammerte, sie gehe lieber als Ledige in die
Gebäranstalt als dass sie einen heirate, den sie nicht liebe.
Die Mutter redete es ihr aber aus, weil es heute keine
geheime Abteilung mehr gibt.

Dann versprach der Vater Matylda ein Armband, eine
Brillantbrosche und noch andere Dinge.

Da sagte Matylda, sie werde ihn also heiraten, damit sie
keine Schande über die Familie bringe.

Hierauf küssten sie Vater und Mutter und sagten: »Das
ist unsere brave Matylda.«

Dann hörte ich, wie die Rede auf Handšlág kam. Der
Vater sagte, er werde ihn befirdern, aber erst nach der
Hochzeit, damit er nicht vorher ausreiße oder kneife. Er
sei zwar ein Trottel, aber im übrigen ein ordentlicher
Beamter, dem die Amtspflicht heilig ist.

»Wenn er unsere Matylda nur wirklich nimmt«, sagte
die Mutter.

»Ich gebe ihm als sein Chef den Auftrag dazu«, sagte
der Vater, »und ich werde ihm alles sagen.«

Als Herr Handšlág am nächsten Tag zu uns kam, war er
sehr schüchtern und schaute dauernd auf Matylda.

Meiner Schwester war vorher eingeschärft worden, sie
solle ihm zulächeln und sich mit ihm unterhalten. Sie

gehorchte, und er sagte in einem fort leise: »Jawohl, gnädiges Fräulein.«

Dann wurde Wein gebracht, Herr Handšlág nippte nur leicht, sagte: »Mit Verlaub, Herr Chef!« und begann, von amtlichen Schriftstücken zu reden.

An diesem Tage sprachen die Eltern nicht mehr über ihn, als er gegangen war.

Am nächsten Tag sagte der Vater im Zimmer leise, damit ich es nicht hören sollte: »Heute kommt mein Beamter und hält um deine Hand an, Matylda! Steck eine Rose an die Bluse!«

Das Dienstmädchen lief fort, um eine Rose zu holen, und die Mutter schimpfte dann, es wäre nicht nötig gewesen, eine Rose für dreißig Kreuzer zu kaufen, es hätte auch eine für fünfzehn genügt.

Dann wurde Matylda einparfürmiert. Mit dem Rest des Parfüms rieb ich unseren Hund ein.

Herr Handšlág kam im schwarzen Anzug und mit weißen Handschuhen. Er wirkte noch blasser und hagerer als am Vortage. Als er Platz genommen hatte, sprach er wieder über amtliche Schriftstücke.

Die Mutter brachte die Likörflasche und goss ihm dreimal ein. Als sie ihm das vierte Glas eingießen wollte, sagte er: »Es reicht schon, gnädige Frau!« und zum Vater: »Herr Chef, darf ich Sie um eine private Aussprache bitten?«

Der Vater schaute mich an und wies mit dem Finger auf die Tür.

Dann ging die Mutter zu Matylda, die nebenan im Zimmer saß und gähnte. »Dieser Hohlkopf braucht aber lange zum Heiraten!«, meinte sie. Die Mutter betupfte Matylda noch mit Puder.

Da war auch schon Vaters Stimme zu vernehmen: »Matylda!«

Ich stellte mich ans Schlüsselloch und hörte gerade den Vater sagen: »Meine liebe Matylda! Herr Handšlág hat um deine Hand angehalten. Ich habe nichts dagegen, in dieser Frage aber bist du die Hauptperson. Was sagst du dazu?« Ich hörte Matylda weinen und unter Schluchzen sagen: »Ja, ja!«, und hernach hörte ich noch: »Mutter!«

Die Mutter kam herbei und rief: »Kinder, ich habe es ja gleich gewußt! Wie gut ihr zusammenpasst!«

Dann riefen sie: »Pepíček!« Ich ging ins Zimmer, und da eröffneten sie mir, Herr Handšlág werde Matylda heiraten. Die Mutter fragte mich, ob ich ihn auch gern haben werde. Ich konnte doch nicht nein sagen. Da fasste er mich, küsste mich und rief: »Ach, Pepíček, Sohn meines Chefs!«

Seither sagte er immer zum Vater: »Wie Sie befehlen, Herr Chef und Vater« und zur Mutter: »Küss die Hand, gnädige Frau und Mutter!«

Als er wegging, gab er an der Tür dem Dienstmädchen einen Gulden und mir eine Krone und sagte: »Da hast du, Pepíček, Sohn meines Chefs!«

Am folgenden Tag brachte Herr Handšlág Ringe mit, und als der Wein aufgetragen wurde, hob er sein Glas und sagte: »Auf unsere glückliche Ehe! Mit Verlaub, Herr Chef und Vater, gnädige Frau und Mutter!«

»Werdet glücklich, Kinder!«, sagte die Mutter und weinte.

Als Matylda später Herrn Handšlág zur Haustür begleitete, schickten sie mich aus dem Zimmer, und die Mutter sagte zum Vater: »Matylda muss sich im November legen. Das sind nur noch zwei Monate.«

»Im nächsten Monat ist Hochzeit«, entgegnete der Vater, »und dann erst geben wir ihm das Dekret über seine Beförderung …«

Matylda kam wieder ins Zimmer und sagte, der Trottel habe von ihr einen Kuss haben wollen.

»Das ist eine Frechheit!« sagte die Mutter.

»Aber er ist ein guter Beamter!«, meinte der Vater.

7. Lektion

Anekdoten aus der k.k. Monarchie

DAS BILDNIS
KAISER FRANZ JOSEFS I.

In Jungbunzlau lebte ein Papierhändler namens Petiška. Er achtete die Gesetze und wohnte schon seit unvordenklichen Zeiten gegenüber der Kaserne. Zu Kaisers Geburtstag und zu anderen kaiserlich-königlichen Anlässen hängte er eine schwarz-gelbe Fahne heraus und lieferte für das Offizierskasino Lampions. Außerdem verkaufte er Bildnisse des Kaisers Franz Josef an die jüdischen Schnapsbudiker im ganzen Kreis Jungbunzlau sowie an die k. k. Gendarmeriestationen. Er hätte auch die Schulen des Kreisgebietes mit dem Bildnis des Monarchen beliefert, aber seine Bilder hatten nicht die vom Landschulrat genehmigte Größe. Der k. k. Landesschulinspektor bei der Bezirkshauptmannschaft sagte daher einmal zu ihm: »Es tut mir leid, Herr Petiška, aber Sie wollen uns Seine Majestät den Kaiser breiter und länger liefern, als durch Erlass des löblichen Landesschulrates vom 20. Oktober 1891 vorgeschrieben. Der durch das Dekret festgelegte Kaiser ist etwas kürzer. Zulässig ist einzig und allein ein Kaiser in einer Länge von 48 cm und einer Breite von 36 cm. Ihr Kaiser aber ist 50 cm lang und 40 cm breit. Sie machen geltend, dass Sie fast zweitausend Bilder unseres Monarchen vorrätig haben. Glauben Sie nur ja nicht, dass Sie uns jeden Schund anhängen können! Überhaupt ist Ihr ganzer Kaiser Ware schlechtester Qualität und von geradezu schändlicher Aufmachung. Er sieht aus, als kämme er sich nie den Bart. Auf die Nase hat man ihm schrecklich viel schwarze Farbe gekleckst, und zu alldem schielt er auch noch.«

Als Herr Petiška nach Hause kam, sagte er entrüstet zu seiner Frau: »Na, mit dem greisen Monarchen sind wir aber reingefallen!« Und das war noch vor dem Krieg. Kurz und gut, zweitausend Kaiserbilder blieben Herrn Petiška auf dem Halse.

Als der Krieg ausbrach, freute sich Herr Petiška ungemein, denn er hegte die große Hoffnung, seine Ware nun doch noch loszuwerden. So hängte er denn die Bilder des kriegslüsternen Greises in seinem Geschäft auf und versah sie mit der Aufschrift:

Gelegenheitskauf!
Kaiser Franz Josef I. für 15 Kronen

Er verkaufte sechs Stück. Fünf Bilder in die Kaserne, wo diese Lithographien des letzten Habsburgers die Reservisten in der Kantine begeistern sollten, und eines kaufte der alte Tabakhändler Šimr. Dieser österreichische Patriot handelte bis auf 12 Kronen herunter und schimpfte dann noch, selbst dieser Preis sei ein Verbrechen.

Der Krieg ging weiter, aber der Kaiser fand keinen Absatz, obwohl Herr Petiška sogar zur Zeitungsreklame griff. Er gab Inserate auf und bot Seine Majestät den Kaiser in der »Národní politika« und in Baštýřs »Hlas národa« mit folgenden Worten an:

In diesen schweren Zeiten
darf in keinem tschechischen Haus
DAS BILD DES SCHWERGEPRÜFTEN
MONARCHEN
für 15 Kronen
fehlen

Statt der erhofften Bestellungen erhielt Herr Petiška eine Vorladung zur Bezirkshauptmannschaft, wo man ihm sagte, er möge nächstens in seinen Inseraten die Worte »schwere Zeiten« und »schwergeprüft« vermeiden und statt dessen die Worte »glorreiche Zeiten« und »siegreich« verwenden, sonst werde er Unannehmlichkeiten haben.

So gab denn Herr Petiška folgendes Inserat auf:

In diesen glorreichen Zeiten
darf in keinem tschechischen Haus
DAS BILD UNSERES SIEGREICHEN
MONARCHEN
für 15 Kronen
fehlen

Aber auch das war vergeblich. Er bekam nur einige unflätige Briefe, in denen ihm die unbekannten Absender ganz aufrichtig rieten, das Kaiserbild an dem Ort aufzuhängen, den auch der Kaiser zu Fuß aufsuche.

Außerdem wurde er abermals zur Bezirkshauptmannschaft vorgeladen. Dort forderte ihn der amtierende Kommissar auf, die Berichte des k. k. Nachrichtenbüros zu verfolgen und sich bei der Stilisierung seiner Inserate danach zu richten.

»Die Russen sind in Ungarn, sie haben Lemberg besetzt und stehen vor Przemysl. So etwas nennt man nicht ›glorreiche Zeiten‹, Herr Petiška! Das sieht aus, als wollten Sie sich lustig machen, das ist wie eine Verhöhnung, wie Ironie! Wegen solcher Inserate könnten Sie nach Königgrätz vors Divisionsgericht kommen.«

Herr Petiška versprach, künftig besser aufzupassen, und verfasste folgendes Inserat:

15 Kronen
opfert jeder Tscheche gern,
damit er in seinem Heim
UNSEREN GREISEN MONARCHEN
aufhängen kann

Bei den Zeitungen der Stadt lehnte man die Aufnahme seines Inserates ab. »Menschenskind«, sagte ein Anzeigenredakteur zu ihm, »Sie wollen doch nicht etwa, dass man uns alle erschießt?«

Herr Petiška kehrte aufgeregt nach Hause zurück.

Hinten im Laden lagen die Pakete mit dem ganzen Vorrat an Kaiserbildern herum. Herr Petiška stieß mit dem Fuß dagegen, erschrak aber sogleich über das, was er getan hatte. Ängstlich sah er sich um und beruhigte sich erst, als er feststellte, dass ihn niemand beobachtet hatte.

Melancholisch machte er sich daran, den Staub von den Paketen zu wischen. Da bemerkte er, dass einige feucht waren und dass sich auf ihnen Schimmel gebildet hatte. In einer Ecke saß sein schwarzer Kater. Es gab keinen Zweifel, wer an dem feuchten Zustand der Pakete die Schuld trug. Um den Verdacht von sich abzuwenden, begann der Kater zu schnurren. Herr Petiška warf einen

Besen nach dem Hochverräter, und der Kater verzog sich schleunigst.

Voll Wut stürzte der Papierhändler in seine Wohnung und brüllte seine Frau an: »Dieses Miststück muss aus dem Haus! Wer kauft denn einen Kaiser, den so ein Katervieh nass gemacht hat? Seine Majestät der Kaiser ist ja ganz schimmlig. Man muss ihn trocken legen. Der Teufel soll den Kerl holen!«

Immer, wenn Herr Petiška sein Mittagsschläfchen hielt, war seine Frau im Laden. Heute aber schlief er sehr unruhig. Er träumte, Gendarmen seien gekommen, um den schwarzen Kater zu holen, und hätten auch ihn gleich mit vors Kriegsgericht geschlepppt. Dann träumte ihm, der Kater und er seien zum Tode durch den Strang verurteilt worden, und zuerst sollte der Kater gehenkt werden. Er aber, der biedere Herr Petiška, hielt vor Gericht lästerliche Reden. Er schrie fürchterlich. Da erblickte er plötzlich neben sich seine Frau, die ihn vorwurfsvoll ansah: »Um Gottes willen, was redest du da? Wenn dich jemand hört!« Dann berichtete sie ihm erregt, sie habe inzwischen versucht, den Kaiser im Garten zu trocknen, aber da hätten Gassenjungen mit Steinen nach den Bildern geworfen, und nun sähen sie aus wie Siebe.

Doch auch noch andere Verluste waren zu beklagen: Auf ein Kaiserbild, das zum Trocknen auf dem Rasen lag, hatten sich die Hühner gesetzt, dort ihren Mageninhalt entleert und dem Kaiser dank ihrem Organismus den Bart grün gefärbt. Zwei Bilder hatte der Hund des Fleischermeisters Holeček, ein junger, unerfahrener Bernhardiner, der nichts vom Paragraphen 63 des Strafgesetzbuches wusste, aufzufressen versucht. Dem jungen Hund lag das wohl im Blut: Seine Mutter war vor einem Jahr dem Schinder übergeben worden, weil sie auf dem Exerzierplatz die Fahne des 36. Regiments aufgefressen hatte.

Herr Petiška war untröstlich. Beim Dämmerschoppen sprach er dauernd von einem Gelegenheitskauf und von Schwierigkeiten, die er mit Seiner Majestät dem Kaiser habe, und der Sinn der ganzen Rede war, dass die Wiener Regierung die Tschechen deshalb voll Misstrauen betrachte, weil sie nicht bei der Firma František Petiška in Jungbunzlau die Kaiserbilder für 15 Kronen kaufen. »Geben Sie die Bilder billiger ab!«, sagte der Weinstubenbesitzer beim Abschied zu ihm. »Es sind jetzt schlechte Zeiten. Hořejšek verkauft eine Dampf-Dreschmaschine um 300 Kronen billiger als voriges Jahr, und mit dem Kaiser ist es eben auch nicht anders.«

Herr Petiška schrieb also folgenden Reklametext auf eine Tafel und stellte sie ins Schaufenster seines Geschäftes:

In Anbetracht der Wirtschaftskrise
verkaufe ich einen größeren Posten schöner
KAISERBILDER
statt zu 15 Kronen
zu nur 10 Kronen

Wieder blieb es in seinem Laden ruhig.

»Na, wie sieht es denn mit dem Kaiser aus?«, fragte ihn der befreundete Weinstubenbesitzer.

»Traurig«, erwiderte Herr Petiška, »kein Mensch will den Kaiser haben.«

»Wissen Sie«, sagte der Weinstubenbesitzer vertraulich zu ihm, »trachten Sie, ihn um jeden Preis loszuwerden, bevor es zu spät ist!«

»Ich will lieber noch warten«, antwortete Herr Petiška.

Und auf den Bildern Seiner Majestät des Kaisers hockte weiterhin der schwarze Kater und benahm sich unmanierlich.

Nach anderthalb Jahren hatten selbst die untersten Pakete Schimmel angesetzt. Österreich drohte zu zerfallen, und die ganze Monarchie war für die Katz.

Da griff Herr Petiška nach Bleistift und Papier und berechneten schweren Herzens, dass er unter solchen Umständen nicht reich werden könne, dass er aber, wenn er den Kaiser für zwei Kronen verkaufe, trotzdem noch eine Krone je Stück verdienen würde.

Und so entschloss er sich zu einer großzügigen Reklame. Er hängte ein Bild ins Schaufenster und schrieb darunter:

DIESER GREISE MONARCH
ist jetzt
statt für 15 Kronen
für nur 2 Kronen
zu haben!

Ganz Jungbunzlau strömte am selben Tag vor dem Geschäft des Herrn Petiška zusammen, um zu sehen, wie die Aktien der Habsburger Dynastie so plötzlich gefallen waren.

In der Nacht aber holten Herrn Petiška die Gendarmen, und dann ging es sehr schnell: Das Geschäft wurde geschlossen, Herr Petiška hinter Schloss und Riegel gebracht, und bald stand er vor dem Kriegsgericht, angeklagt wegen Vergehens gegen die öffentliche Ruhe und Sicherheit. Der Veteranenverein hielt eine außerordentliche Generalversammlung ab und schloss Herrn Petiška aus seinen Reihen aus.

Herr Petiška bekam dreizehn Monate schweren Kerkers aufgebrummt. Eigentlich sollte er fünf Jahre bekommen, aber als mildernder Umstand wurde ihm angerechnet, dass er einst bei Custozza für Österreich gekämpft hatte.

Die Pakete mit den Kaiserbildern jedoch wurden einstweilen beim Militärgericht in Theresienstadt sichergestellt, und dort harren sie der Stunde der Befreiung, bis sie nach der Liquidation Österreich-Ungarns irgendein findiger Geschäftsmann zum Einwickeln von Käse verwenden wird.

DER GEFANGENE LÖWE

Der Ungar Josef Örök war Feldwebel im Ungarischen Infanterieregiment in Kaschau. Seiner Kampanie gehörten Slowaken, Polen, Tschechen, Rumänen, Deutsche, Ungarn, Ruthenen und Zigeuner an. Über diese »Völker« herrschte Feldwebel Josef Örök mit eiserner Faust; er dachte sich immer neue Schimpfwörter und Flüche aus und bediente sich aller möglicher Schliche, um die Mannschaft in eine unangenehme Lage und ständig in Schwierigkeiten zu bringen. Dieser Mann hatte den Ehrgeiz, allgemein verhasst zu sein, was ihm auch voll und ganz gelang.

Als er schließlich erreicht hatte, was er wollte, und wusste, dass er lauter Feinde vor sich hatte, tat er keineswegs so, als wisse er das nicht.

Jeden Sonntag führte er eine plötzliche »Monturvisite«, einen Bekleidungsappell, durch, und ob es nun Slowaken, Polen, Tschechen, Rumänen, Deutsche, Ungarn, Ruthenen oder Zigeuner waren, alle durften am Nachmittag nicht aus der Kaserne. Da fehlte dem einen ein Knopf, oder er hatte zwar alle Knöpfe an der Uniform, aber der fürsorgliche Feldwebel Josef Örök hegte die Befürchtung, der Soldat könnte unterwegs einen Knopf verlieren. Bei einem andern wieder glänzten die Knöpfe nicht so, wie es vorgeschrieben war, oder sie glänzten zu sehr.

»Ja, Täubchen, du gehst heute nicht aus«, sagte Josef Örök zu einem Soldaten und fasste dessen Knöpfe an, »schau her, du Nichtsnutz, zwei habe ich schon in der

Hand! Ha, Kerl, du bist so unordentlich, dass ich dich in der Schlacht in die vorderste Reihe stelle, damit du gleich als erster erschossen wirst. Aber nein, was rede ich da, du verfluchter Hund, der Feind würde sich ja schämen, auf dich zu schießen! Wenn der feindliche Hauptmann dich Kerl durch seinen Feldstecher sieht, gibt er gleich Befehl, dich zu schonen; du bist ja kein Soldat, wenn du nicht einmal deine Uniform in Ordnung hast! Ja, Brüderchen, schau nur! Da habe ich wieder einen Knopf angefasst, und auch der ist mir in der Hand geblieben.«

Nach und nach blieben ihm die Knöpfe der ganzen Kompanie in der Hand, bis auf die Knöpfe des Zigeuners Gučko. »Ei, du Zigeunerlümmel«, schrie Örök, der sich vergeblich bemühte, sie abzureißen, »mir scheint, du wirst heute als einziger ausgehen. Du hast wohl deinen eigenen Zwirn? Oder hast du ihn etwa auf Staatskosten gekauft? Bürschchen, ich glaube gar, du bist ein Verschwender …! Ha, was sehe ich da, du Haderlump! Du hast ja die Knöpfe mit Draht an der Bluse festgemacht und dabei mit dem Draht militäreigenes Tuch durchstochen! Herrgott im Himmel, siehst du dieses Vieh, diesen Spitzbuben, diesen Verbrecher?!« Und Josef Örök packte den Zigeuner am Ohr, hob schmerzlich den Blick zum Himmel und rief mit klagender Stimme: »Großer Gott, du siehst diesen Infanteristen, aber in deiner grenzenlosen Güte hast du diesen elenden Wurm bisher nicht zertreten. Sicherlich erlaubst du, dass ich diesen Schurken sechs Stunden lang in den Bock spannen lasse, bis er schwarz wird, noch schwärzer, als ihn, diesen schwarzen Teufel, seine Mutter zur Welt gebracht hat.«

Am nächsten Sonntag führte Josef Örök, als sich seine Kompanie zum Ausgehen anschickte, einen Stiefelappell durch und überprüfte, ob in jedem Stiefel genau nach Vorschrift 32 Zwecken waren.

»Ach, meine Lieblinge«, sagte er zu seiner Kompanie, »ich sehe schon, heute habt ihr Kasernenarrest. Ehe ihr nächstens Zwecken in die Stiefel schlagt, müsst ihr erst fragen, wie tief ihr sie einschlagen sollt und wie viel ihr überhaupt einschlagen dürft. Bei der letzten Monturvisite habe ich euch als euer guter Vater die Stiefel um die Ohren geschlagen, wenn nicht 32 Zwecken drin waren. Und was muss ich heute sehen? Die geringste Zahl von Zwecken ist 33. Ihr denkt wohl, je mehr, desto besser?! Das gilt bei Knödeln, ihr Bauernlümmel, aber nicht bei Zwecken! Je mehr, desto schlechter für euch Trampeltiere! Ich lasse euch heute nicht aus der Kaserne und weiß auch schon eine schöne Unterhaltung für euch: Ihr zieht alle Zwecken heraus, bis die Sohle ganz leer ist, und dann schlagt ihr die richtige Zahl von Zwecken ein. Seht ihr, ich habe gar nichts davon, ich muss zuschauen, wie ihr arbeitet, lasse mir einen Liter Wein bringen, und so wird uns schon der Nachmittag vergehen ... Ihr braucht euch auch nichts daraus zu machen, dass es heute sehr heiß ist; euer Väterchen Örök wird sich schon am kühlen Wein gütlich tun. Mein Landsmann Maroszy wird den Wein für mich holen, denn dieser Nichtsnutz ist von euch allen noch der kleinste Spitzbube. Der ist der Wahrheit auch am nächsten gekommen; er hat 33 Zwecken in seine Stiefel geschlagen.«

Väterchen Örök blieb der liebenswürdige Vater seiner Kompanie, die er herumhetzte wie ein Löwe scheue Antilopen.

Die ganze Kompanie fürchtete ihn, und er war darauf bedacht, dass die Mannschaft ständig vor ihm zitterte wie ein Schilfrohr im Wind.

Seine Stimme klang wie das Brüllen eines Löwen, vor dem selbst Elefanten erbeben, wie er einmal nebenbei erwähnte, als er die Mannschaft sich rühren ließ.

Während solcher Ruhepausen belehrte er die Mannschaft fein und gefühlvoll, damit die Leute diese wenigen Augenblicke zu schätzen wüssten. Ihnen war klar: Kaum sind diese Sätze verhallt, werden sie wieder bis zum Umfallen exerzieren, damit sie sich endlich merken, sie knien nicht vor dem Altar, sondern üben »Kniet!« auf dem Exerzierplatz.

Und wieder erklang das donnernde Brüllen: »Kniet! Auf! Kniet! Auf! Nieder! Kniet! Auf! Kniet! Auf!«

Eines Tages bekam Feldwebel Örök Arrest. Der Löwe hatte sich betrunken.

Er hatte sich so betrunken, wie es nur ein Ungar kann. Ohne Mütze war er in die Kaserne zurückgekehrt und hatte das Lied von der schönen Wirtin aus Szatmár gesungen, die den Kaufleuten sogar die Uhren aus der Tasche stahl und die schließlich von den aufgebrachten Kaufleuten den Wölfen zum Fraße vorgeworfen wurde. Dann grölte er, sie hätten die Uhren gemeinsam gestohlen. Schon das hinterließ einen schlechten Eindruck in der Kaserne. Aber zu allem Unglück betrat gerade der Herr Hauptmann den Hof. Örök ging an ihm vorbei und grüßte nicht; er sang nur, es sei doch nicht bei Szatmár gewesen, und die Kaufleute hätten die schöne Wirtin auch gar nicht den Wölfen vorgeworfen. »Melde gehorsamst«, sagte er zum Herrn Hauptmann, »wissen Sie nicht, wie das mit der Wirtin gewesen ist?«

Dafür bekam er 30 Tage Stubenarrest.

Am nächsten Morgen, als Josef Örök in seiner Stube eingeschlossen war, erhielt der Stabsführer Befehl, sich ab und zu davon zu überzeugen, ob Örök nicht etwa durchs Fenster entwichen sei.

Es war ein schöner Sonntagnachmittag, als der Stabsführer, gerade als sich die Soldaten zum Ausgehen fertigmachten, an Öröks Tür klopfte und freundschaftlich fragte: »Josef, bist du da?«

»Ja«, meldete sich die verzweifelte Stimme des Feldwebels von drinnen, »ich bin da, Bruder!«

»Kriechst du auch nicht durchs Fenster?«

»Nein, Bruder!«

»Gut! Nach einer Weile frage ich wieder!«

Ein gefangener Löwe.

»Na, Männer, wollt ihr heute nicht ausgehen?«, fragte ein Offizier die Mannschaft von Öröks Kompanie.

»Melde gehorsamst, wir sind verwaist«, sagte der Gefreite. »Wir fühlen uns einsam.«

Der Offizier ging weiter und schüttelte nachdenklich seinen Kopf ob solch sonderbarer Liebe. In dem Teil der Kaserne, in dem der Feldwebel Josef Örök eingesperrt war, blieb nur seine Kompanie zurück.

Örök schaute sehnsüchtig zum Fenster hinaus, und vor Wut sträubte sich die Mähne des gefangenen Löwen.

Da erklang es wieder an der Tür: »Josef, bist du da?«

»Ja, Bruder!«

»Kriechst du auch nicht durchs Fenster?«

»Nein, Bruder!«

»Gut, nach einer Weile frage ich wieder!«

Örök saß eine Zeitlang schweigend da, zwirbelte seinen

Schnurrbart zwischen den Fingern und verfluchte die Welt.

Doch schon wieder vernahm er eine Stimme: »Josef, bist du da?«

»Ja, Bruder!«

»Josef, bist du da? Kriechst du auch nicht durchs Fenster?«

»Nein, Bruder.«

»Gut, nach einer Weile frage ich wieder.«

Und die Mannschaft der ganzen Kompanie ging langsam an der Tür der Feldwebelstube vorüber, und einer nach dem andern klopfte an und fragte: »Josef, bist du da?«

Donnerndes Fluchen ertönte hinter der Tür.

Eine Weile war es still, dann trat der Slowake Gombiška an die Tür. Er klopfte kräftig an und fragte mit lauter Stimme: »Čuješ, Jožko, seš vňútri?«

Dann folgten einige Tschechen, und jeder rief: »Josefe, jsi tam?«

Der gefangene Löwe begann zu fluchen. Es war zu hören, wie er den Stuhl gegen die Tür warf und schrie: »Ich lasse euch alle einsperren, alle miteinander!«

Kaum war es still geworden, kamen die Deutschen Schloßberg und Graber, klopften an die Tür und fragten mit zarter Stimme: »Seppl, bist du drin?«

Dann kamen die Ruthenen, die Polen, die Rumänen, und alle fragten in ihrer Sprache: »Josef, bist du da?«

Josef Örök konnte nicht mehr schimpfen, er keuchte nur noch hilflos: »Ihr Spitzbuben. Gott wird euch strafen, und ich sperre euch ein, bis ihr schwarz werdet!«

Auch der Zigeuner Gučko kam und fragte in seiner zischelnden Art mit ergebener Stimme: »Bitte gehorsamst, Herr Feldwebel, sein Sie do?«

»Ach, du Bestie«, schrie Örök, »du kannst dich schon wieder auf den Bock freuen!«

Plötzlich erkannte Örök die Stimme des Stabsführers: »Josef, bist du da?«

»Ja, Bruder«, antwortete gebrochen der arme gefangene Löwe.

»Dann bleib nur drin, Bruder«, sagte der Stabsführer freundlich, »ich kann dir auch nicht helfen!«

Und damit ging er fort, und mit ihm trat die ganze Kompanie ihren Stadtausgang an.

Um Mitternacht kehrte der Zigeuner Gučko, der Überzeit gehabt hatte, in die Kaserne zurück. Als er an der Stube des eingesperrten Feldwebels vorbeikam, pochte er so laut an die Tür, dass der Feldwebel Örök aus dem schönsten Schlaf emporfuhr und fragte: »Was ist los?«

»Bitte gehorsamst, Herr Feldwebel, sein Sie noch do?«

Bis heute begreift man noch nicht in der Kaserne, warum der Feldwebel Örök damals um Mitternacht die Tür seines Zimmers aufbrach …

AUF EINER VERLASSENEN LATRINE

Manchmal ist einem richtig traurig ums Herz, wenn man so sieht, wie alles verfällt, wie ehemaliger Ruhm vergeht. Einen solch niederschmetternden Eindruck macht die verlassene Latrine auf dem ehemaligen Militärübungsplatz bei Dejwitz unterhalb des Hügels, dort, wo sich der Weg zum Matthäikirchlein emporschlängelt. Ein Steg führt über den Dejwitzer Bach, der, als er noch genügend Wasser hatte, in Richtung Baumgarten alles Überflüssige fortschwemmte, was einst aus der Latrine floss.

Ach, einst! Wie lange ist es her, dass auf dem Dejwitzer Plateau Trommelwirbel erklang, das Wiehern und das Stampfen von Pferden zu hören war, die Schüsse aus den Mannlicher Gewehren kurz aufbellten und die Signalfähnchen wehten!

Längst sind die Militärkompanien verschwunden, auf dem Plateau leuchten nicht mehr die blauen Uniformen, geblieben ist nur die verlassene Latrine: eine niedrige Bretterwand, damit der Blick ins Innere nicht die Zivilisten verletze, und dahinter zwei in geringer Entfernung übereinander befestigte Balken, die völlig ihren Zweck erfüllten. Unter den Balken zieht sich ein von den Pionieren geschaufelter Graben hin, bis zur halben Höhe angefüllt mit schwarzem, trockenem Laub der Zwetschkenbäume, deren Stämme ringsum aufragen und deren Wipfel neugierig ins Innere der Latrine lugen.

Schmerzlich und wehmütig ist solche Erinnerung. Wenn die Zwetschkenbäume blühen, fallen weiße Blüten in die verlassene Latrine, ringsum leuchten Löwenzahn und Gänseblümchen – es ist, als versuchte die Natur, die verlassene Latrine zu trösten und mit frischen Blüten den Hauch von Wehmut und Trauer zu verjagen, der aus dieser einsamen Stätte aufsteigt.

Im Herbst aber, wenn sich morgens und abends die Nebel ins Tal der Moldau und auf das Dejwitzer Plateau senken, erreicht die Wehmut, die sich über der verlassenen Latrine ausbreitet, ihren Höhepunkt. Der Wind, der sich gegen die morschen Bretter stemmt, stört durch das Knirschen die abendliche Ruhe, und diese Örtlichkeit macht einen um so tristeren Eindruck, da ihr Ruhm einst so groß gewesen ist.

Nur wenn die Ausflügler eine Wanderung zum Matthäikirchlein unternehmen oder ins Šárka-Tal pilgern, erfährt die verlassene Latrine eine gelegentliche Benutzung. Aber diese Besuche sind nicht von langer Dauer, und sie sind nicht ruhmreich. Bis zum Abend sind alle Besucher verschwunden, und dann folgt eine stille Nacht, traurig und trübselig, und ein noch trübseliger Morgen und Vormittag.

Die Latrine steht so verlassen, und voll Bitterkeit blickt sie auf den leeren Übungsplatz.

Wo sind die Zeiten hin, als sie hörte, wie sich Kompanie um Kompanie näherte! Kaum waren die letzten Schüsse aus den Mannlicher Gewehren verhallt, vernahm sie zahlreiche Schritte und den scharfen Befehl der Unteroffiziere: »Hosenriemen ab!« Und schon betraten die Soldaten vorbereitet und tapfer, einer nach dem andern, die geräumige Latrine, denn Befehl ist Befehl. Es war ja die süße

Zeit einer kurzen Ruhepause, leider nur allzu kurz, denn unten am Bach stand schon eine neue Abteilung, und wieder ertönte der Befehl: »Hosenriemen ab!«

Dann verklangen die Schritte der Kompanien, und nun kamen die Einzelgänger. Sie genossen die Ruhe und die Stille unter dem weiten Firmament, und wenn sie fortgingen, schrieben sie mit Bleistift ihre Eindrücke auf die Bretterwand und illustrierten ihre Gedanken mit entsprechenden Zeichnungen.

Ab und zu verirrte sich eine feindliche Patrouille mit weißem Band an der Feldmütze hierher, und dann saßen auf dem Donnerbalken Freund und Feind nebeneinander und tauschten ihre Ansichten aus.

Mein Gott! Diese Zeiten bewegten Lebens verschwanden und sind dahin, so wie vom Wasser des Baches viel fortgeschwemmt wurde.

Eines Tages kam bei einem Spaziergang der Major a. D. Zettel an der verlassenen Latrine vorbei.

Die Latrine stand traurig und einsam. Tränen vergoss sie allerdings nicht, denn sie hatte keine zur Verfügung; sie war ja leblos, trocken wie der vom Blitz gespaltene Stamm der letzten Eiche in einem gefällten Wald.

Auf dem Zwetschkenbaum, dessen Zweige in die Latrine schauen, saß eine Krähe. Ihr Anblick bewirkte, dass der Herr Major a. D. noch trauriger auf das Dejwitzer Plateau und die verlassene Latrine sah.

Er stieg weiter bergan, um die Umgebung besser betrachten zu können. Dann blieb er auf einer Anhöhe stehen, blickte auf den feinen und durchsichtigen Nebel, der über der Gegend lag, und auf den Militärübungsplatz von Dejwitz. Vor einigen Jahren war er hier an der Spitze seiner Kompanien geritten. Überall leuchteten die blauen Uniformen, die Trompeten erschallten, Befehle ertönten, es wurde geschrien und geschimpft, und die Pferde flogen nur so dahin.

Heute aber! Alles leer. Nur unten lag einsam die verlassene Latrine, vor der es einst so lebhaft zugegangen war.

Der Herr Major stieg wieder hinab, und seine Brust erfüllte solche Wehmut, wie wir sie sonst nur kennen, wenn wir an verstorbene Kameraden, an die verlorene Jugendzeit oder an vertanes Geld denken.

Der Herr Major beschleunigte seine Schritte, denn die Traurigkeit übte einen physiologischen Einfluss auf seine inneren Organe aus.

Hastig betrat er mit aufgeknöpfter Jacke die verlassene Latrine und erstarrte: Auf dem Balken saß ein ganz gewöhnlicher Mensch, ein Zivilist, offensichtlich ein Wanderbursche!

Der Herr Major a. D. Zettel machte eine verzweifelte Bewegung, und dabei fiel er in den Graben, den einst die Pioniere ausgeschaufelt hatten. Und es brach sein Soldatenherz, weil es nicht ertragen konnte, dass ein schäbiger Zivilist sein Bedürfnis auf einer verlassenen Militärlatrine erledigt.

Der geistesgegenwärtige Wanderbursche durchsuchte ihm die Taschen und verließ mit Uhr und Geldbörse des Herrn Majors a. D. fröhlich den einsamen Ort.

Seither sitzt der Geist des Herrn Majors a. D. in dunklen Nächten auf dem Balken der verlassenen Latrine und weint herzzerreißend.

8. Lektion

Die Polizei
hat immer recht

EIN MÖRDER WIRD GESUCHT

I.

Bei der Leiche hatte man ein Messer gefunden. Es wurde als Eigentum des Ermordeten, eines angesehenen Kaufmanns, identifiziert und auf den Plakaten, die die Polizeidirektion in der ganzen Stadt anschlagen ließ, abgebildet, denn die Polizei war davon überzeugt, dass die Abbildung des Messers des Ermordeten irgendwie auf die Spur des Mörders führen würde.

An dem Tage, an dem die Plakate demjenigen, der die Ergreifung des Mörders ermöglicht, eine Belohnung von 1000 Kronen verhießen, rief der Chef der Polizei seinen fähigsten Detektiv, Inspektor Danihelka, zu sich und hatte mit ihm eine längere Unterredung.

»Es besteht kein Zweifel«, sagte Detektiv Danihelka zum Polizeichef, »dass es sich um einen Mord handelt, denn man hat ja die Leiche gefunden, und die gerichtliche Obduktion ergab, dass der Mann eines unnatürlichen Todes gestorben ist. Da überdies Geld gestohlen wurde, ist offensichtlich, dass es sich um einen Raubmord handelt.«

Der Polizeichef antwortete nicht gleich. Er bewunderte im Stillen den Scharfsinn seines besten Detektivs, der mit souveräner Ruhe in so knappen, logischen Sätzen alle Einzelheiten rasch zu einem Ganzen zusammengefasst hatte. »Richtig«, sagte er schließlich, »den Ermordeten haben wir gefunden, was keine geringe Leistung ist, denn seine Leiche war mit Zeitungen bedeckt, und außerdem hat er auf den Anruf ›Ist hier jemand?‹ nicht geantwortet. Diese Frage wurde dem Ermordeten von dem Polizisten Nr. 68 gestellt, der die Leiche entdeckte. Denn als sich niemand meldete, trat der Polizist Nr. 68 vor und stolperte über etwas, was mit Zeitungspapier bedeckt war. Zunächst schenkte er diesem Umstand keine Beachtung, weil er glaubte, der Laden sei nur nicht richtig aufgeräumt. Erst als er ein Streichholz anriss, bemerkte er, dass unter dem Papier eine Hand hervorschaute. Er ergriff sie und sagte: ›Machen Sie keine Dummheiten!‹ Als er keine Antwort erhielt, verließ er den Laden, um Verstärkung zu holen, denn er war sofort davon überzeugt, dass hier etwas Ungewöhnliches geschehen sein müsse. Außerdem telefonierte er auch gleich zur Rettungsstation und zur Feuerwehr. Als die Polizisten Nr. 119 und 263 kamen, riefen sie dem auf dem Fußboden liegenden und unter Zeitungspapier versteckten Mann zu: ›Im Namen des Gesetzes – ergeben Sie sich!‹ Da der Mann dieser Aufforderung jedoch nicht nachkam, rissen die Polizisten die Zeitungen von ihm herunter, und da stellten wir fest, dass er völlig regungslos dalag und kalt war. Sie rieben ihn mit Essig ab und versuchten es mit künstlicher Atmung, doch schließlich mussten sie einsehen, dass alles vergeblich war und dass man ihn nicht mehr zum Leben erwecken konnte; dem unglücklichen Opfer war nämlich der Kopf abgeschnitten worden und unters Pult gekullert. Dann wurde in der Tasche der Leiche jenes Messer gefunden, das ich fotografieren und auf den Plakaten abbilden ließ. Sobald man also konstatiert hatte, dass es sich um eine ganz ungewöhnliche Sache handelte, wurde ich unverzüglich benachrichtigt. Mit meinem Wagen war ich in drei Minuten am Tatort. Hier stellte ich gleich amtlich fest, dass bei jenem Kaufmann nur ein gewaltsamer Tod in Frage kam; von einem natürlichen Tod konnte nicht die Rede sein. Entweder handelte es sich also um Selbstmord oder um Mord. Wenig später schloss ich einen Selbstmord aus, denn ich habe nie gehört, dass sich jemand selbst den Kopf abgeschnitten hätte. Ich sagte also: »Meine Herren, ich bin überzeugt, dass hier ein Mord verübt worden ist und dass es zwecklos wäre, der Leiche Balsam auf den Hals zu gießen.‹ Diese Feststellung bedeutete für die Polizei einen großen Erfolg; ich glaube, dass mein Vorgehen die beste Art ist, den Raubmörder dingfest zu machen. Hier war auch nicht eine Minute zu verlieren; alles hing von der schnellen Konstatierung des Mordes ab, denn einen unglücklichen Zufall schloss ich nach sorgsamer Erwägung vollkommen aus. Wir ließen die Leiche fotografieren, und zwar zunächst Rumpf und Kopf separat und dann den Rumpf zusammen mit dem Kopf; diese Fotografien schickten wir ans Departement V mit der Bitte, sie mit den Aufnahmen im Verbrecheralbum zu vergleichen. Das ist freilich nur in der ersten Aufregung geschehen und hatte vorläufig keinen anderen Zweck, als rasch eine allseitige Untersuchung einzuleiten. Später überprüfte ich die Umgebung des Tatortes und entdeckte dabei drei Flaschenverschlüsse. Diese hatten die übliche Form und passten in der Größe auf Hälbliterflaschen. Die Aufwartung bestätigte meine Meinung, dass der Ermordete Bier getrunken habe, denn sie sagte, sie habe dem Ermordeten täglich drei Flaschen Bier holen müssen. Natürlich haben wir die Frau gleich verhaftet. Auch der Hausmeister wurde festgenommen; behauptete, der Mord müsse in aller Stille verübt worden sein, denn er selbst habe nicht das geringste Geräusch vernommen, als er kurz vor dem Eintreffen der Polizei nach Hause gekommen sei. Er wurde in Haft belassen, damit er mit seinem Gefasele die Sicherheitsorgane nicht auf eine falsche Spur führe. Das Messer, das in der Tasche des Ermordeten gefunden wurde, wies keine Blutspur auf; es ist ein kleines Taschenmesser. Inzwischen habe ich die Nachricht über den Mord in allen Zeitungen publizieren lassen (wobei ich einen Selbstmord sowie einen unglücklichen Zufall ausschloss) und habe eine Belohnung von 1000 Kronen für zweckdienliche Hinweise, die zur Ergreifung des Mörders führen, ausgeschrieben. Das ist das Wichtigste an dem ganzen Fall, lieber Herr Danihelka! Ich bitte Sie, sich noch folgende Notizen zu machen, die ihre Nachforschungen erleichtern werden: Es wurde festgestellt, dass in den Laden des Ermordeten insgesamt fünfzehn Personen hineingeschaut haben, von denen sechs schwarzhaarig waren, acht blond, eine rothaarig, zwei waren brünett, drei hatten graues Haar. Das sind im ganzen zwanzig Personen. Wie Sie sehen, ist das alles recht verworren. Zuerst habe ich fünfzehn Personen gesagt. Wo sind also die fünf weiteren hergekommen? Das notieren Sie sich, bitte, und unterstreichen Sie es! Aus dem Verhör der Nachbarn geht hervor, dass man, soweit es sich um die Farbe der Augen handelt, graue, schwarze, blaue, braune und grüne beobachtet hat. Hinsichtlich der Kleidungsstücke wurden graue, schwarze, karierte, gestreifte und getupfte bemerkt. Damit ich nicht noch einen anderen wichtigen Umstand vergesse: Im Laden wurde eine Weste gefunden, die dem Ermordeten nicht gehört hat. Diese Weste ist aus braunem Loden verfertigt und gehört allem Anschein nach dem Mörder, denn sie ist mit Blut befleckt. Sicher ist also, dass der Mörder ohne Weste weggegangen ist, oder er hat eine Reserveweste angezogen, vielleicht hat er sich aber auch irgendwo eine andere Weste gekauft; natürlich kann er auch mehrere Westen besessen haben, oder er hat sich eine Weste ausgeborgt oder sie im Versatzamt ersteigert. Vielleicht läuft er seitdem ohne Weste herum, und da kann er wieder eine Windjacke mit Gürtel oder ohne Gürtel tragen, oder er kann seine Jacke zuknöpfen. Das sind lauter wichtige Umstände, und Sie müssen sich alles genau notieren. Der Ermordete hatte, wie ermittelt wurde, schwarzes Haar und unter der Nase einen ebensolchen Schnurrbart. Und jetzt, lieber Herr Danihelka, geben Sie gut Acht! Man hat festgestellt, dass Haar und Schnurrbart des Ermordeten echt waren, denn sie waren an der Haut festgewachsen, aber man hat auch eruiert, dass sie gefärbt waren, und zwar frisch gefärbt. Daraus schließe ich folgendes: Der Mörder hat entweder in der Aufregung statt seines eigenen Haares und Bartes, wie er beabsichtigt hatte, um nicht erkannt zu werden, Haar und Bart des Ermordeten gefärbt, oder er wollte, was nicht weniger wahrscheinlich ist, die Spur seiner Tat verwischen und den Ermordeten unkenntlich machen, um dessen Identifizierung zu erschweren. Vielleicht begreifen Sie dieses Raffinement. Plötzlich sollte im Laden des Ermordeten ein fremder Mensch tot aufgefunden werden. Nachforschungen hätten ergeben, dass der Besitzer des Ladens verschwunden ist, und man hätte dann natürlich den Verdacht gehegt, der Kaufmann sei der Mörder, oder kurz gesagt, der Ermordete habe sich selbst in den Laden geschleppt und dort umgebracht. Glauben Sie, dass mir bei so viel Raffinement ganz schwindelig im Kopf wird? Es handelt sich also um einen Mörder, der zu allem fähig ist. Und dabei ist er kein gewöhnlicher Verbrecher, sondern ein Mann, auf den man sich verlassen kann, denn er handelt in jeder Hinsicht kaltblütig und durchdacht. Meine Mitteilungen. werden, wie ich hoffe, Ihre Nachforschungen nach dem Mörder wesentlich erleichtern. Ich betone noch, dass bis zum heutigen Tage bereits achtzig Menschen verhaftet wurden, die das Verbrechen nicht begangen haben. Dadurch wird Ihre Arbeit unter denen, die übrigbleiben, bestimmt leichter, denn mit diesen achtzig Individuen brauchen Sie sich nicht mehr zu befassen. Kurz gesagt, richten Sie sich nach folgendem: Der Mörder wurde bisher nicht ermittelt, und es ist nun Ihre Aufgabe, ihn zu fangen! Signalement: Er ist groß oder klein oder von mittlerer Statur, Augen von beliebiger Farbe, worunter eine die richtige ist, Anzug auch von beliebiger Farbe, beliebigem Stoff und Schnitt. Er kann einen Mantel haben, aber es ist auch möglich, dass er keinen trägt. Alles Übrige sind nur Vermutungen. Wir nehmen an, dass er sein Äußeres verändert und seinen Anzug sowie den Mantel gewechselt hat, dass er sich rasieren und das Haar schneiden und kräuseln ließ, dass er gebadet und sich umgekleidet hat. In dieser Hinsicht ist die Sache ganz klar, und Sie können ihn sich jetzt wohl genau vorstellen.« – Detektiv Danihelka verbeugte sich vor dem Polizeichef, steckte sein Notizbuch ein und ging ins Departement VI, um mit den anderen Detektiven, die er aus dem großen Detektivapparat als seine Gehilfen ausgewählt hatte, eine Besprechung durchzuführen.

II.

Hofman, Borovan, Marhan, Thom und Med – das waren die besten Detektive, die nun Herrn Danihelka zur Vergügung standen. Diese Detektive enttäuschten die Öffentlichkeit niemals. Sie erkannten immer mit absoluter Sicherheit, ob eine Spur von einem Männerstiefel oder einem Damenschuh herrührte. Stets überraschten sie durch die Logik ihrer Schlussfolgerungen. Mit diesen Männern konnte man in allen Fällen arbeiten, denn sie waren keine Schwätzer, und was sie sagten, taten sie auch. Gewöhnlich sagten sie nach ganztägigen ergebnislosen Untersuchungen: »Gehen wir zu Materna auf ein Dunkles!« Und das führten sie auch gewissenhaft aus.

Notizblock und Bleistift in der Hand, warteten sie jetzt schweigend auf Danihelka. Mit ernster Miene saßen sie um den Tisch herum, der Wichtigkeit ihrer Rolle bei der Aufklärung dieses Falles bewusst.

Danihelka kam gutgelaunt vom Polizeichef und sagte, während er sich eine Zigarette anzündete, ohne Umschweife: »Liebe Freunde, wir eröffnen die Debatte über das Vorgefallene. Sie wissen alle recht gut, wozu Sie hier sind. Ebensogut wissen Sie, dass es keine leichte Aufgabe ist, die Sie erwartet. Binnen 24 Stunden, na, sagen wir: binnen 48 Stunden müssen wir den Mörder haben. In einer Woche wäre es auch noch nicht zu spät; schließlich dürfen wir die Sache nicht übereilen. Ich gewähre Ihnen also eine vierzehntägige Frist, meine Herren, und verlange keine weitläufigen Referate von Ihnen. Hauptsache ist, dass Sie nicht das Telefon benutzen. Es könnte vorkommen, dass sich zwei Drähte berühren, und der Mörder könnte am Ende zufällig irgendwo im Kaffeehaus am Apparat stehen und das ganze Gespräch mit anhören. Ich gebe Ihnen drei Wochen Zeit. Jetzt, da der Mord bereits konstatiert wurde, könnte Eile nur von Schaden sein. Wir müssen uns nicht überhasten. Wenn wir den Mörder nicht binnen vier Wochen erwischen, schadet es auch nichts. Wir haben ja noch eine fünfte, eine sechste, eine siebente Woche, ach was, wir haben noch eine unendliche Zahl von Wochen vor uns. Der Zeitraum ist unbegrenzt. Und sollten auch Monate verstreichen, ohne dass der Mörder eruiert wird, wir verzweifeln nicht. Vor allem werden wir die ganze Angelegenheit gründlich überdenken, alle Umstände erwägen und die Aufgaben entsprechend verteilen. Was bisher über den Mörder festgestellt wurde, werde ich Ihnen später sagen. Was nicht festgestellt wurde, schicke ich voraus. Vor allem, liebe Freunde, weiß man nicht, wie er aussieht. Er kann schwarzhaarig sein und dabei einen blonden Bart und blaue Augen haben, er kann groß oder klein sein, und sein Haar kann rötlich schimmern, er kann glatt rasiert sein, kann einen Vollbart, einen aufgezwirbelten Schnurrbart, ein englisches Bärtchen oder einen Spitzbart tragen, er kann kahlköpfig und bucklig sein, möglicherweise aber auch das Gegenteil davon. Vielleicht hat er eine Stupsnase, eine spitze oder eine Adlernase, schmale oder aufgedunsene oder auch sinnliche Lippen. Er kann einen großen Schädel haben, eine hohe oder eine niedrige Stirn, einen spitzen oder einen runden und kleinen Schädel. Und seine Zähne, liebe Freunde, können gut, stark und gesund sein, aber auch spitz und dünn oder auch verdorben und zerfressen. Das alles wissen wir nicht, ebenso wie wir nicht wissen, was für einen Anzug er trug. Es bestehen hundertfünfzig Vermutungen hinsichtlich des Stoffes und der Farbe seiner Kleidung. Das wäre in etwa das vollkommene Signalement des Mörders. Was wir aber ganz genau wissen, das ist, dass der Mörder am Tatort eine braune Lodenweste zurückgelassen hat, die mit Blut befleckt ist. Ihre Aufgabe besteht nun darin, festzustellen, wo der Mörder diese Weste kaufte, ob er sie als einzelnes Stück gekauft hat zusammen mit dem Jackett oder gleichzeitig mit der Hose, ob diese Weste zu einem ganzen Anzug gehört, den der Mörder besaß, oder ob er sie sich nur ausgeliehen oder ersteigert hat. Ferner, ob es eine alte oder eine neue Weste oder eine fast neue Weste ist. Schließlich, ob diese Weste ihm gehört, oder ob er sie vielleicht gestohlen hat. Das sind, wie gesagt, Kleinigkeiten. Der Polizeichef hat mir aber als Dienstgeheimnis noch einen Umstand anvertraut, den ich Ihnen jedoch einstweilen nicht verraten werde. Nur um eines bitte ich Sie in diesem Zusammenhang: Erkundigen Sie sich in Kosmetikgeschäften und bei Friseuren unauffällig danach, wer Haarfärbemittel gekauft hat, wann und für welche Farbe. Die Hauptsache kommt aber noch. Meine Herren, der Mörder ist geboren worden. Man muss vor allem feststellen, wo er geboren und wo er getauft wurde. Das wird andere Nachforschungen sehr erleichtern. Vielleicht können seine Eltern oder seine Verwandten angeben, wo er sich aufhält, was außer dem Mord seine gewohnte Beschäftigung ist oder ob er Mörder im Hauptberuf ist. Das wird, wie gesagt, unsere Nachforschungen erleichtern und uns zum gewünschten Ziel führen. Ich verlange daher nichts anderes, als dass Sie feststellen, wer die Verwandten und die Eltern des Mörders sind und wo er selbst geboren wurde.«

Die Detektive verneigten sich und erbaten einer nach dem anderen einen Vorschuss auf die Ergreifung des Mörders und seiner Eltern.

Als Danihelka schließlich allein zurückblieb, schrieb er noch schnell des Text einer neuen Bekanntmachung, die er unverzüglich der Staatsdruckerei übersandte:

Die Eltern und alle Verwandten des Mörders werden aufgefordert, unverzüglich dessen Namen und Wohnort der Polizeidirektion, Inspektor Danihelka (II. Stock), zu melden.

Nachdem er die Drucklegung dieses Plakattextes veranlasst hatte und gerade nach Hause gehen wollte, um sich von der anstrengenden Tagesarbeit zu erholen, suchte ihn ein Redakteur des Nachrichtendienstes auf und befragte ihn nach Einzelheiten der Fahndungsaktion.

Herr Danihelka empfing ihn recht freundlich. »Mein Lieber, ich kann Ihnen nur so viel verraten«, sagte er, »dass wir dem Mörder auf den Fersen sind. Die Spuren führen aufs Land, obwohl es nicht ausgeschlossen ist, dass sich der Mörder in der Stadt verbirgt. Möglicherweise hat er die Stadt gar nicht verlassen, oder er hat sich nur aufs Land begeben, um uns irrezuführen. Wir sind aber schon gewitzigt, und solche Winkelzüge überraschen uns durchaus nicht. Wir sind froh, dass das Publikum dem ganzen Fall das verdiente Interesse entgegenbringt, und werden den Herren Journalisten gewiss sehr dankbar sein, wenn sie der Öffentlichkeit mitteilen, welch große Anstrengungen wir machen, um den Mörder zu ergreifen.«

III.

Am siebzehnten Tag nach dieser Untersuchung verlangten die Detektive Hofman, Borovan, Marhan, Thom und Med einen neuerlichen Vorschuss auf Ergreifung des Mörders, Feststellung seiner Eltern und Auffindung des Taufscheins.

»Die Sache macht ausgezeichnete Fortschritte!«, rief Detektiv Marhan aus und rieb sich erfreut die Hände.

»Hofman und ich haben neue Spuren gefunden, Herr Inspektor, und Kollege Thom mit Borovan und Med haben entdeckt, wo der Mörder vielleicht die Weste gekauft hat. Folgende Geschäfte haben im letzten Vierteljahr Westen verkauft: Balzar, Eisner, Epstein, Gabriel, Gans, Gold-Schmidt, Graf, Groger, Gütig, Hirsch, Horschowitz, Hurych, Jarolim, Kalmus, Kašťál, Lengsfeld, Líbeň, Litten, Mazner, Pollak, Rubin, Rutte, Schiller, Schneider, Klimpl, Tausch, Thorberger, Weil, Woditschka und Zink.«

»Und bei folgenden Firmen«, fuhr Detektiv Med fort, »wurden, wie ich festgestellt habe, verschiedenfarbige dunkle und helle Haarfärbemittel gekauft: bei Brichta, Černý, Demartini, Duchoň, Feigl, Freund, Hájek, Holoubek, Janoušek, Kordáč, Peroutka, Petřik, Procházka, Srbek, VItek & Co. Bei der letztgenannten Firma hat jemand erst gestern ein Färbemittel für einen hellen Bart verlangt.«

»Und was den Geburtsort des Mörders betrifft«, sagte Borovan, »so werden wir binnen einem Monat alle Prager Matriken durchforscht haben. Wir bitten nur, uns Zeit zu lassen.«

IV.

Nach einem Monat holten sich die Detektive Hofman, Borovan, Marhan, Thom und Med den dritten Vorschuss auf die Ergreifung des Mörders und die Feststellung seines Namens in den Matriken. Sie durchforschten alle Matriken von den sechziger Jahren an, doch infolge eines Zufalls fanden sie nichts, was auch nur ein wenig auf die Spur des Mörders geführt hätte.

V.

Nach weiteren vierzehn Tagen verlangten sie einen neuerlichen Vorschuss. »Wir sind auf der richtigen Fährte!«, rief Detektiv Marhan siegesbewusst aus. »Von dem Mörder findet sich in den Matriken keine Spur. Daraus schließen wir, dass es sich um ein ausgesetztes uneheliches Kind handelt, das nicht in die Matrik eingetragen wurde.« Und sie nahmen einen Vorschuss auf Eruierung des unehelichen Kindes.

VI.

Wieder verging eine Woche. Da kehrten sie mit einer guten Nachricht zurück. Detektiv Borovan hatte in einem Straßengraben bei Neugedein ein Paar weggeworfene Socken gefunden. Und sie nahmen einen Vorschuss auf Ermittlung des Mannes, der die Socken weggeworfen hatte.

VII.

Seit jener Zeit sind zwei Jahre verstrichen. Der Mörder ist noch immer nicht eruiert. Die strebsamen Detektive empfingen inzwischen unzählige Vorschüsse auf Ermittlung des Mörders, der Socken, des Anzugs und anderer Dinge, die, wie sie meinten, dem Mörder gehören konnten. Sie verzweifeln jedoch nicht. Sie sagen, alles sei in bester Ordnung.

Auch die Öffentlichkeit verzweifelt nicht. Sie sieht, der Ablauf der Nachforschungen ist so hervorragend durchdacht, dass sie nur mit einem positiven Ergebnis enden können. Der ganze Polizeiapparat ist in die Fahndung einbezogen und ungemein flink in seinen Maßnahmen. Der Plan ist bis ins kleinste ausgearbeitet. Die besten Detektive beschäftigen sich unaufhörlich mit dem Fall.

VIII.

Das letzte Wort, das ich in dieser Angelegenheit von Inspektor Danihelka hörte, war: »Ehe fünf Jahre um sind, werden wir den Mörder haben!«

Welch treffliche Methode! Der Mörder wird inzwischen älter und wird sich nicht mehr so geschickt verbergen können. Vielleicht gesteht er seine Untat auch auf dem Sterbebett.

DER AMTSEIFER DES MAUT-EINNEHMERS AUF DER PRAGER BRÜCKE, ŠTĚPÁN BRYCH

Sicherlich ist sich jeder, der schon einmal über eine der Prager Brücken gegangen ist, beim Betreten der Brücke der Bedeutung dieses Augenblickes bewusst gewesen.

Die strengen Amtsmienen der uniformierten Männer im Mauthaus und davor, die ernste, würdevolle Gestalt des Polizeiwachtmeisters auf der Fahrbahn und die Tafel, die nüchtern die für Mensch und Tier geltenden Brückengebühren aufzählt – all das hinterlässt den Eindruck eines wichtigen Ereignisses.

Betrachtet man jene Gestalten vor dem Mauthaus, die sich sogar vom verführerischen Lächeln einer Frau nicht beeinflussen lassen, möchte man am liebsten die Hand küssen, die sich einem entgegenstreckt, um den fälligen Kreuzer zu kassieren. Man empfindet Liebe zum Magistrat, schätzt den Amtseifer und die Unbestechlichkeit der Mauteinheber, und wenn man sich vor Augen hält, dass diese Männer mit den Deckelmützen durch alle jene Paragraphen geschützt sind, die sich auf Feststellung und Bestrafung jeder Form von Beamtenbeleidigung beziehen, zieht man ehrerbietig den Hut und legt pflichtschuldigst seinen Kreuzer in die Hand jener unerbittlichen Brutusse der Stadt Prag.

Unter diesen Männern ragte durch besonderen Amtseifer Štěpán Brych hervor, Mauteinheber auf der Kaiser-Franz-Josef-Brücke.

Wie ein Habicht blickte er auf jene Zivilisten, die die Brücke überschreiten wollten. Er verstand keinen Spaß, und er liebte keine langen Erklärungen.

Befand sich einer von den Zivilisten (die Offiziere brauchten nämlich keine Brückenmaut zu zahlen), einer von den dämlichen Zivilisten, auch nur um Nasenlänge hinter der ausgestreckten Hand des Štěpán Brych, gab es keinen Pardon, galten keine Ausreden. Entweder bezahlte er seinen Kreuzer, oder er war verloren.

Štěpán Brych brauchte nur zu winken, und der Polizeiwachtmeister vor der Brücke wusste Bescheid. Die Hand auf der Pistolentasche, kam er gemessenen Schrittes herbei, Štěpán Brych zeigte auf die Person, die nicht bereit war, die Brückenmaut zu entrichten, und sagte nur ein Wort: »Mitnehmen!«

Dann fasste der Wachtmeister den Betreffenden am Arm und fragte, ebenfalls kurz angebunden: »Kommen Sie gutwillig mit, oder muss ich Gewalt anwenden?«

Gewöhnlich wählte jeder die erste Art, auf die Polizeidirektion zu gelangen.

Dort musste er sich ausziehen, man durchsuchte ihn, maß ihn ab, fotografierte ihn, dann unterzog man ihn einem Verhör, schließlich führte man ihn in Einzelarrest und stellte einen Tag oder höchstens eine Woche später Ermittlungen an, ob der Festgenommene wirklich dort wohnte, wo er angegeben hatte. Dann wurde er entweder entlassen, oder man brachte ihn, wenn er sich in der Zwischenzeit mit allen diesen gesetzlichen Maßnahmen nicht einverstanden gezeigt hatte, ins Landes-Strafgericht auf den Karisplatz, von wo er nach verbüßter Haft per Schub in seine Heimatgemeinde gebracht wurde – was alles eine verhältnismäßig geringe Strafe war in Anbetracht des Verbrechens, das sich der Betreffende gegen die Finanzen der Bauabteilung des Prager Magistrats zu verüben erfrecht hatte.

Das alles ließ den Marat der Prager Brücke, den Mauteinheber Štěpán Brych, völlig kalt.

Eines Tages kam der Herr Rat Pojsl von der Bauabteilung des Magistrats zum Mauthaus und sagte zu Herrn Štěpán Brych: »Mein Lieber, lassen Sie mich heute einmal umsonst über die Brücke? Ich muss schnell nach Smíchov und habe mein Geld zu Hause vergessen.«

Wie hätte Štěpán Brych seinen Vorgesetzten nicht kennen sollen? Er hatte ihn sehr gern und schätzte ihn hoch, und diese Liebe zu seinem Vorgesetzten führte nun in seiner Brust einen erbitterten Kampf mit dem amtlichen Pflichtgefühl.

Der Magistratsrat überschritt die Grenze, die durch die vorgeschobene Hand gekennzeichnet war, und Štěpán Brych zog Herrn Pojsl am Rock. Das Pflichtgefühl hatte gesiegt.

»Kehren Sie sofort um, oder bezahlen Sie einen Kreuzer!«, sagte er in trockenem Amtston.

»Fällt mir gar nicht ein!«

Štěpán Brych gab dem Wachtmeister, der wie eine Spinne auf Opfer lauerte, einen Wink und sprach sein gewohntes Wort: »Mitnehmen!«

Als der Wachtmeister nach seiner üblichen Beschwörungsformel: »Kommen Sie gutwillig mit, oder muss ich Gewalt anwenden?« den Herrn Magistratsrat abführte, schimmerte im Auge des Brutus von der, Prager Brücke eine Träne, und Štěpán Brych weinte zum ersten Male in seinem Leben.

Vierzehn Tage darauf fand in der Bauabteilung eine kleine, aber ergreifende Feier statt: Der Magistrat verlieh dem Mauteinheber Štěpán Brych die Bronze-Medaille für treue Dienste. Den Antrag hatte der Magistratsrat Pojsl persönlich gestellt, der nach seiner Affäre nicht per Schub ins Büro befördert worden war.

Seit dieser Auszeichnung waltete štepán Brych noch strenger seines Amtes.

Es war in der Nacht vom 2. zum 3. Mai des gleichen Jahres.

Štěpán Brych stand am Mauthaus gegenüber dem Nationaltheater, als plötzlich ein Mann eilends über die Brücke lief. Der Polizeiwachtmeister war gerade nicht da, denn er brachte eben einen, der nicht zahlen wollte, zur Wache. So lief Štěpán Brych dem Mann selbst nach und rief in einem fort: »Halt, Sie müssen einen Kreuzer zahlen!«

Der Unbekannte tat, als höre er nicht, und rannte weiter.

Štěpán Brych ihm nach. Dabei rief er in die Dunkelheit: »Patrouille, haltet ihn fest, er muss einen Kreuzer bezahlen!«

Schon befanden sie sich auf der Kleinseite, flogen förmlich über den Aujezd und den Radetzkyplatz, durcheilten die Waldsteingasse, und so ging es weiter und weiter, am Chotek-Park vorbei, vorneweg der Unbekannte, hinter ihm wutschnaubend Herr Štěpán Brych, der immer wieder schrie: »Mensch, geben Sie endlich den Kreuzer, oder ich erschieße Sie!«

Und weiter ging es: hinauf zum Dejwitzer Tor, auf der Straße nach Podbaba, und als der Mond hinter einer Wolke hervorkam und der Fliehende sich nach seinem Verfolger umblickte, bemerkte er, dass der Mann mit der Dienstmütze Schaum vor dem Munde hatte und schrecklich die Augen verdrehte.

In Todesangst lief der Mann zum Fluss und sprang in die Strömung, um sein Leben zu retten. Ein zweiter Sprung ins Wasser Štěpán Brych schwamm dem Ausreißer nach.

In der Mitte des Flusses holte er ihn ein, rief laut: »Bezahlen Sie endlich den Kreuzer!« und umklammerte ihn mit beiden Armen.

Eine Welle riss beide in den Strudel …

Drei Tage später fischte man bei Klecany zwei Ertrunkene, die einander krampfhaft festhielten, aus der Moldau.

In der Faust des einen Ertrunkenen fand man einen Kreuzer. Es war die Leiche Štěpán Brychs, dem es noch im Todeskampf gelungen war, aus der Tasche des Verfolgten einen Kreuzer herauszuholen.

Seit dieser Zeit spukt es um Mitternacht an der Moldau zwischen Podbaba und Podhoří: Aus der Mitte des Stromes ruft eine Stimme: »Bezahlen Sie den Kreuzer!«

Das ist der Geist Štěpán Brychs, des gewissenhaften Mauteinhebers von der Prager Brücke.

9. Lektion

Jawohl, Herr Chef

DAS PRAKTIKANTENSTERBEN BEI DER SPEDITIONSFIRMA KOBKÁN

Der Inhaber der Speditionsfirma Kobkán rief den rotbackigen Praktikanten Pecháček in sein Privatkontor und hatte mit ihm eine lange Unterredung.

Als Pecháček an sein Pult zurückkehrte, war er blass, zitterte am ganzen Körper, und seine Haare sträubten sich.

»Gekündigt?«, fragte der Buchhalter.

Statt zu antworten, nahm der Praktikant Pecháček Hut und Mantel und verließ wortlos die Kanzlei.

Der Buchhalter lief gleich zum Chef. Als er zurückkam, schüttelte er den Kopf und sagte: »Das begreife ich wirklich nicht: Der Chef hat ihn in eine Weinstube geschickt und ihm den ganzen Nachmittag freigegeben!«

Fünf Praktikanten blickten voll Neid auf Pecháčeks leeren Stuhl und vertieften sich dann wieder in ihre Kontobücher.

Über der Kanzlei der Speditionsfirma Kobkán lag ein Geheimnis, eine Atmosphäre des Rätselhaften und Unbekannten.

Und dabei war die Sache doch so einfach, wenn auch etwas sonderbar.

Der Chef hatte mit Pecháček außergewöhnlich leutselig gesprochen. Und der Inhalt seiner Rede war etwa der: »Herr Pecháček, Sie sind ein junger, begabter Mensch! Der Herr Prokurist und der Herr Buchhalter sind voll des Lobes über Ihre Leistungen. Sie sind fleißig, umsichtig, verständig, bescheiden, brav und arbeitsam. Sie trinken nicht, rauchen nicht, spielen nicht, verführen kein Mädchen, machen keine Schulden, verlangen keinen Vorschuss, sind ein guter Rechner und Kalkulator, haben eine ausgeschriebene, elegante Handschrift, gehen sparsam mit Papier um, kommen immer pünktlich ins Büro und gehen abends als letzter weg. Sie haben einen guten kaufmännischen Überblick, stenografieren schnell und gewandt, schreiben fehlerlos auf Schreibmaschinen aller Systeme und beherrschen mehrere Sprachen. Sie kleiden sich einfach, aber schicklich; ihre Schuhe sind immmer auf Hochglanz poliert und Ihr Kragen ist stets sauber …«

Dem vorbildlichen Praktikanten stieg vor Glück und Rührung das Wasser in die Augen, und er schaute aufrichtig und dankbar auf seinen Chef, dessen Blick freundlich auf ihm ruhte, während sein Mund mit weicher, etwas zitternder Stimme fortfuhr: »Lieber Herr Pecháček, wie Sie wissen, ist in vierzehn Tagen mein Namenstag. Da würde ich mich freuen, wenn in der Zeitung ein Glückwunsch von meinen Bekannten, meinen Freunden und dem Personal erschiene. Es versteht sich von selbst, dass alle damit verbundenen Kosten von mir getragen werden. Ich möchte aber nicht, dass der Glückwunsch zu meinem Namenstag nichtssagend und alltäglich ist. Wissen Sie, ich hätte gern etwas Originelles, sagen wir: im Spediteurstil. Etwas, was noch nicht dagewesen ist! Etwas so Schönes, dass die Leser noch nach Jahren an diesen Glückwunsch zu meinem Namenstag zurückdenken. Etwas, was alle Menschen zu Tränen rührt! Und da habe ich an Sie gedacht. Es ist klar, dass Sie über diese Sache zu niemandem sprechen. Geben Sie mir Ihre Hand darauf!«

Der Praktikant reichte seine zitternde Hand dem Chef; der drückte sie und sprach weiter: »Sie werden das zuwege bringen! Heute ist ein prächtiger, sonniger Tag, da werden Ihnen die Gedanken nur so zufliegen. Ich gebe Ihnen den ganzen Nachmittag frei. Damit Sie besser dichten können, gehen Sie erst einmal in eine Weinstube und trinken zwei Viertel Muskateller oder Wermut! Ich weiß, dass Sie sich nicht betrinken werden. Und hernach fahren Sie in den Baumgarten, setzen sich auf eine Bank und verfassen den Glückwunsch zu meinem Namenstag! Hier haben Sie fünf Kronen.«

So war es gekommen, dass Pecháček kreideweiß an sein Pult zurückkehrte.

Den ersten und den zweiten Teil des Auftrages führte er gewissenhaft aus:

Er ging in eine Weinstube, trank ein Viertel Muskateller und ein Viertel Wermut, betrank sich nicht und fuhr dann in den Baumgarten wie ein Automat. Er setzte sich auf eine Bank und begann mit der Ausarbeitung des Glückwunsches.

Zu seinem Entsetzen stellte er aber nach kurzer Zeit fest, dass ihm die Gedanken nicht zuflogen und dass alle Annahmen des Chefs hinsichtlich seines begabten Praktikanten zumindest stark übertrieben waren. Weder der prächtige, sonnige Tag noch der Muskateller noch auch der Wermut vermochten ihn zu inspirieren.

»Herrgott im Himmel!«, seufzte er. »Es ist zum Verrücktwerden! Was habe ich denn da für einen Mist zusammengeschrieben? Daran ist ja gar nichts Originelles! Ist es denn nicht barer Unsinn, solche Sätze zu bauen wie: ›Empfangen Sie unsere innigen Wünsche, die wir Ihnen aufrichtigen Herzens darbringen! Möge Ihr Leben so strahlend leuchten wie der Sternenhimmel! Möge Ihre Arbeit Tag für Tag erfolgreich sein! Der Himmel gebe Ihnen reichen Segen! Glück, Gesundheit, langes Leben, viel Erfolg für Ihre Firma! Verbringen Sie Ihre weiteren Lebensjahre in Glück und Freude! Alle Ihre Wünsche mögen in Erfüllung gehen! Das wünschen Ihnen Ihre Freunde und Bekannten sowie das Personal!«

Pecháček riss das Blatt mit dem Glückwunsch aus seinem Notizbuch, zerpflückte es in kleine Teile und warf die Schnitzel in den Papierkorb. Dann überlegte er und schrieb abermals.

Bald standen in seinem Notizbuch mehrere Glückwünsche zum Namenstag:

»Unsere Wünsche mögen auch in diesem Jahre glücklich sein. Von ganzem Herzen wünschen wir Ihnen das Schönste wieder für das ganze Jahr. Täglich nur Freude und alles Gute. Beste Gesundheit und alles in Hülle und Fülle. Die Wagenpreise um fünfzig Prozent billiger. Ihnen, Ihrer geschätzten Gattin und der ganzen Familie die aufrichtigsten Wünsche! Ihre Freunde und Bekannten sowie das Personal.«

»Wieder ist es uns vergönnt, Ihnen unseren Glückwunsch darzubringen und Ihnen viel Gesundheit und Glück in Hülle und Fülle zu wünschen. Wohlstand und Erfolg bei allen Unternehmungen und den Segen des Himmels wollen wir auf Sie herabflehen. Mögen Sie von Krankheit verschont bleiben; nur eitel Freude sei Ihr Teil! In jeder Woche viele Geschäfte, Möbeltransporte, Gepäckversicherungen, Übersiedlungen durch die ganze Republik, Warentransporte per Bahn und ein Gewinn, der in die Millionen geht – das wünschen Ihnen aufrichtig Ihre Freunde und Bekannten sowie das Personal.«

»Wir wünschen Ihnen eitel Freude und langes Leben. Möge Fortuna Ihnen hold sein! Glück, Heil und Segen und gute Geschäfte! Mögen Sie mit Ihrer geschätzten Frau Gemahlin alles Gute in Freuden genießen! Das wünschen Ihnen aufrichtig Ihre Freunde und Bekannten sowie das Personal.«

»Möge Ihr Geschäft blühen und gedeihen! Fern bleibe Ihnen aller Kummer! Ihr Leben fließe dahin wie ein stiller Bach. Der Herr schenke Ihnen ein langes Leben. Möge jedes Ihrer Unternehmen glücklich ausgehen! Mögen alle Krankheiten zunichte werden! Eine Erhöhung der Speditionsgebühren zeichne sich am Horizont ab! Das wünschen Ihnen einmütig Ihre Freunde und Bekannten sowie das Personal.«

Außerdem enthielt das Notizbuch Reimvorschläge.

Der unglückliche Praktikant strich alles durch, zerriss die Blätter, warf sie weg, griff sich an den Kopf und ging in den Stadtteil Troja.

»Ein Idiot bin ich, ein Trottel, ein ausgemachter Kretin! Ich leide wohl an Gehirnerweichung. Etwas Originelles im Spediteurstil! Mein dummer Schädel! Ein Trottel bin ich, ich bin total verblödet, von Intelligenz keine Spur! Ein blödes Vieh bin ich! Heu habe ich im Schädel!«

In Troja stolperte er in eine Weinstube und versuchte dort, sich mit Hilfe einer ganzen Flasche Wein zu inspirieren. An Stelle der erwarteten göttlichen Eingebung erlitt er aber einen derartigen Anfall von Stupidität, dass er schrieb: »An diesem lieben und uns so wichtigen Tage wünschen wir Ihnen innig, dass Ihr weiteres Leben glücklich und fröhlich sein möge, immer und zu jeder Zeit.

Möge Ihnen stets das Glück blühen, möge Ihnen bei jedem Unternehmen Erfolg beschieden sein! Gesundheit und langes Leben – und immer viele Blumen am Fenster! Das wünschen Ihnen innigst Ihre Freunde und Bekannten sowie das Personal.«

»Fertig!«, sagte er, glotzte die beschriebenen Zeilen stumpfsinnig an und lachte. »Ich bin erblich belastet, ein notorischer Trottel und Paralytiker!«

Gegen Morgen fand man seinen Hut auf dem Damm der Schleuse bei Klecany. In dem Hut lag ein Fetzen Papier mit seiner Adresse, und darunter stand nur der eine Satz: »Ich kann es nicht.« Sonst nichts.

In der Kanzlei sprachen die fünf Praktikanten über den rätselhaften Selbstmord ihres Kollegen. Sie sprachen leise, und Trauer klang aus ihren Worten, denn es fehlte ihnen ihr guter, fröhlicher Pecháček.

Der Bürodiener kam und sagte: »Praktikant Klofanda – sofort zum Chef!«

»Ich komme!«

Der Chef sprach ihn freundlich an: »Herr Klofanda, Sie sind ein junger, begabter Mensch! Der Herr Prokurist und der Herr Buchhalter sind voll des Lobes über Ihre Leistungen, Sie sind fleißig, umsichtig, verständig, bescheiden, brav und arbeitsam …« Und so ging es weiter bis zu den Worten: »Hier haben Sie fünf Kronen.«

Als Klofanda an sein Pult zurückkehrte, war er blass, zitterte am ganzen Körper, und seine Haare sträubten sich. Wortlos nahm er Hut und Mantel und verließ die Kanzlei.

Das Geheimnis, die Atmosphäre des Rätselratens und Unbekannten, wurde immer undurchdringlicher.

Die verbleibenden vier Praktikanten schüttelten den Kopf.

Klofanda hatte nicht so viel schriftstellerische Begabung wie der verstorbene Pecháček, aber er war eine reine, feine, gewissenhafte Seele. Er mochte sein Gehirn noch so sehr zermartern, ihm fiel nichts Rechtes ein. Bevor er sich in der Nacht im Wald von Hodkovice erhängte, hatte er nicht mehr als folgende Worte zu Papier gebracht: »Unser inniger Wunsch ist es, Ihnen unsere aufrichtigsten Glückwünsche zu wünschen, und diesen Wunsch wünschen alle Ihre Freunde und Bekannten sowie das Personal.«

»Die Schuld an meinem Tode trage ich selbst«, hatte er noch auf ein Stück Papier geschrieben, das er am Mantel befestigte.

Die vier Praktikanten in der Kanzlei hatten sich noch nicht einmal gründlich über den rätselhaften Tod ihres zweiten Kollegen ausgesprochen, als der Bürodiener erschien und sagte: »Praktikant Vencl – sofort zum Chef!«

»Ich komme!«

Und der Herr Chef sprach zu ihm: »Herr Vencl, Sie sind ein junger, begabter Mensch – Sie sind fleißig, umsichtig, verständig, bescheiden …« und so weiter, bis zu den Worten: »Hier haben Sie fünf Kronen.«

Das Geheimnis, die Atmosphäre des Rätselhaften und Unbekannten, wurde noch dichter. Der Hauch des Todes wehte durch die Kanzlei.

Der Praktikant Vencl ersann überhaupt nichts. Er starb im Steinbruch von Kyje bei Prag, wo er sich die Pulsadern öffnete. Er starb, ohne eine einzige Zeile hinterlassen zu haben.

»Praktikant Košt'ák zum Chef!«

»Ich komme!«

Košt'ák wehrte sich lange gegen den Tod. Zwei volle Tage hielt er sich auf dem Laurenziberg versteckt, erst am dritten sprang er vom Aussichtsturm.

Zu diesem Zeitpunkt war er schon völlig durcheinander und lebte in der Vorstellung, sein Chef sei gar kein Spediteur, sondern habe eine Vogelhandlung, und er, Košt'ák, müsse für ihn einen Glückwunsch zur Silbernen Hochzeit abfassen.

Daraus erklärt sich auch, dass man auf einer Seite seines Notizbuches folgende Eintragung fand: »Die glücklichen Zeiten mögen wieder erblühen, die Silberhochzeit sich Jahr für Jahr wiederholen, im Geschäft möge alles gedeihen, damit Sie fröhlich leben und Tausende Paare Tauben, Hasen, Kaninchen und Goldfische zu verkaufen haben. Dies wünscht Ihnen Jan Košt'ák.«

In der Kanzlei des Herrn Kobkán saßen jetzt nur noch zwei Praktikanten.

»Praktikant Havlík zum Chef!«

»Ich komme!«

Als er seinen originellen Glückwunsch in Form eines Geschäftstelegramms abgefasst hatte:

KOBKÁN SPEDITEUR NAMENSTAG
HERZLICHEN GLÜCKWUNSCH
BEKANNTE FREUNDE PERSONAL

stach er sich auf dem Abort des Repräsentationshauses mit dem Taschenmesser ins Herz.

»Praktikant Pilař zum Chef!«

Der letzte der Praktikanten, der in der Kanzlei der Speditionsfirma Kobkán übriggeblieben war, erbleichte. Unklar ahnte er, dass hinter der Tür des Privatkontors seines Chefs die Ursache für die schreckliche Tragödie der Praktikanten der Speditionsfirma Kobkán zu suchen war, einer Tragödie, wie sie die Welt noch nicht erlebt hatte, und dass das Geheimnis, die Atmosphäre des Rätselhaften und Unbekannten, nun auch auf ihn zukam.

»Praktikant Pilař zum Chef!«, wiederholte der Bürodiener.

Der letzte Praktikant erhob sich und stieß einen verzweifelten Schrei aus: »Nein, ich gehe nicht!«

In der Kanzlei waren vier bleiche Gesichter: Praktikant, Prokurist, Buchhalter und Bürodiener.

»Herr Pilař«, sagte der Buchhalter, »überlegen Sie sich, was Sie da sagen! Das hat es in Böhmen noch nicht gegeben, dass ein Praktikant nicht gekommen wäre, wenn ihn sein Chef rief!«

»Ich gehe nicht«, wiederholte der letzte Praktikant verzweifelt, »um keinen Preis gehe ich zum Chef!«

In der Tür erschien der Chef persönlich. »Herr Pilař, kommen Sie in mein Privatkontor! Ich habe Sie schon zweimal rufen lassen!«

»Ich gehe nicht!« rief der letzte Praktikant. »Wenn ich sage, ich gehe nicht, dann gehe ich auch nicht!« Er begann wild mit den Armen zu fuchteln, und schrie: »Alle sind sie gegangen: Pecháček, Klofanda, Vencl, Košťák, Havlík nur ich gehe nicht, auf keinen Fall!« Und er ergriff das schwere Kontobuch und warf es auf den Tisch. »Ich bleibe hier sitzen. Ich rühre mich nicht von meinem Platz, ich zerschlage alles, ich bringe euch alle um! Ich bin der Kapitän Mohras, die Weltsensation mit dem unerreichten Luftakt. Vor euch habe ich keine Angst!«

Die Wärter können sich über den letzten Praktikanten der Firma Kobkán nicht beschweren. An seinem Anstaltskittel hat er fünf Knöpfe. Die zeigt er jedem, beginnt zu zählen und erklärt: »Der erste ist Klofanda, der zweite Vencl, der dritte Košťák, der vierte Havlík, der fünfte Pecháček. Nein, so ist es nicht! Der erste ist Pecháček, der zweite Klofanda, der dritte Vencl, der vierte Košťák, der fünfte Havlík. Alle sind sie gegangen, ich aber gehe nicht, auf keinen Fall!«

Die Ärzte haben bereits die Hoffnung aufgegeben, dass ihr Patient wieder gesund wird.

Der Namenstag des Herrn Kobkán ging vorüber, ohne dass ein origineller Glückwunsch in der Zeitung gestanden hätte.

In der Kanzlei sitzen sechs neue, frische Praktikanten.

Bis zum nächsten Namenstag des Chefs soll die gerichtliche Untersuchung über das Praktikantensterben bei der Speditionsfirma Kobkán abgeschlossen sein.

AUS DEM PRAKTISCHEN LEBEN

Der Kaufmann Václav Pazourek lief aufgeregt in seinem Lager zwischen den dort gestapelten Fässern, Säcken, Kisten und großen Papierballen hin und her. Ab und zu griff er wütend in einen offenen Sack, hob eine Handvoll Kaffeebohnen hoch und warf sie missmutig wieder zurück.

Seine Frau hatte ihn einen »Dummkopf« genannt!

Das war in seinem Haushalt zwar nichts Außergewöhnliches, heute aber war es unter besonderen Umständen geschehen, die geeignet waren, ihn ein für allemal lächerlich zu machen.

Da saß er heute mittag in seiner Wohnung beim Essen, als ihm das Dienstmädchen den Besuch einiger Herren meldete. Sie waren gekommen, um ihn zum Ball des Handelsgremiums einzuladen. Vor den Herren des Komitees konnte er sich auf keinen Fall ohne Rock sehen lassen, mit aufgekrempelten Hemdsärmeln, und er ging deshalb in das Nebenzimmer, um seine Toilette zu vervollkommnen.

Irgendwie war es dabei geschehen, dass er eine Vase umwarf.

Seine Frau erschrak und rief: »Du Dummkopf!«

Wenn sie nur das gesagt hätte! Die Herren des Komitees hätten dann denken können, seine Frau habe es zum Dienstmädchen gesagt, und alles wäre in Ordnung gewesen. Aber sie hatte dieses Schimpfwort nochmals wiederholt und hinzugefügt: »Ja, du bist ein Dummkopf, Václav Pazourek!«

Geschrien hatte sie diese Worte, und dabei hatten nebenan die Herren vom Komitee gesessen! Wie mitleidig sie ihm zum Abschied die Hand drückten! Nun würde sich seine Schande wie ein Lauffeuer in der ganzen Stadt verbreiten. Welch unglückseliges Geschick, dass er diese Frau geheiratet hatte!

Der Kaufmann kam an das Ende des Lagerraumes und stieß dort mit dem Fuß an eine Flasche mit Mineralwasser, die auf dem Fußboden stand.

»Ha, das ist eine Ordnung! Ihr nachlässiges Gesindel, euch werde ich lehren, Ordnung zu halten! Josef, kommen Sie sofort her!«, rief er in den Laden nach dem Geschäftsführer.

Im Handumdrehen kam ein bartloser junger Mann gelaufen.

»So eine Schlamperei! Wer hat die Flasche hierhergestellt? Ich bin fast darüber gefallen! Können Sie die Flasche nicht an einen anderen Platz stellen? Das Lager ist doch wirklich groß genug! Aber da sieht man gleich, dass Sie sich zu Ihrem Beruf nicht eignen.«

»Herr Chef, Sie haben die Flasche doch selbst hierhergestellt, gestern abend!«

»So? Sieh einmal an, dieser Milchbart will mich belehren! Ich selbst soll die Flasche hierhergestellt haben? Das konnten Sie vielleicht dort erzählen, wo Sie in die Lehre gegangen sind, Sie Bürschchen!«

»Herr Chef, entschuldigen Sie, ich bin bei Ihnen in die Lehre gegangen!«

»So, bei mir? Naja, um so schlimmer für Sie! Da haben Sie nun vier Jahre lang gelernt und wissen nicht einmal, dass Sie sich gegenüber Ihrem Chef anständig zu verhalten haben und dass Sie ihm keine frechen Antworten geben dürfen.«

»Entschuldigen Sie, Herr Chef, ich werde die Flasche wegstellen.«

»Was haben Sie gesagt? Sie wollen die Flasche wegstellen? Wer hat sie denn hierhergestellt?«

»Sie, Herr Chef!«

»Na also, Bürschchen, und da wollen Sie gegen den Willen Ihres Chefs handeln, Sie …?!«

»Sie haben aber doch selbst vor wenigen Minuten gesagt …«

»Was, ich soll etwas gesagt haben? Sind Sie aber frech! Gehen Sie, sonst werfe ich Sie hinaus! Wer hat Sie eigentlich hergeschickt?«

»Sie, Herr Chef. Sie haben mich gerufen.«

»Ich soll Sie gerufen haben? Verschwinden Sie, aber sofort, sonst …«, schrie der Kaufmann dem bleichen Geschäftsführer nach, der eilends in den Laden entwich.

Václav Pazourek setzte seinen Rundgang durch die Lagerräume fort. Immer wieder quälte ihn der Gedanke: Seine Frau hatte ihn vor den Herren des Komitees einen Dummkopf genannt!

Plötzlich blieb sein Blick an einem leeren Platz in der Ecke hängen. Gestern hatte er dort noch ein Fass mit Backpflaumen stehen sehen. Wohin hatten es die Leute nur gestellt? Sie handeln gegen seine Befehle; sie sind widerspenstig und haben immer eine Ausrede. Jeder Verkäufer, jeder Lehrling, ja selbst der Hausdiener weiß auf alles eine Antwort.

Besonders die Lehrjungen sind in letzter Zeit recht üppig. Vielleicht füttert er sie zu gut, aber von heute an werden die Portionen kleiner! Sonst wachsen ihm diese Lümmel noch über den Kopf. So kann es nicht weitergehen! Dem Josef wird er das Gehalt kürzen, weil er ihm heute frech gekommen ist.

Nun will er aber erst fragen, wohin sie das Fass gestellt haben.

»Frantík, Ondřej, Josef, sofort hierher!«, rief der Kaufmann.

Es erschienen aber nur zwei.

»Wo ist Ondřej?«

»Herr Chef, im Laden sind viele Kunden, er muss dortbleiben, um sie zu bedienen!«

»Seht ihr, der weiß, was sich gehört, ihr aber wisst es nicht! Im Laden sind viele Kunden, und ihr lasst alles liegen, statt die Kunden zu bedienen, und geht im Lager spazieren. So geht es aber nicht weiter, das sage ich euch! Ihr werdet mich noch ruinieren. Verschwindet!«

»Herr Chef, Sie haben uns aber gerufen ...«

»Ach, ob gerufen oder nicht, verschwindet jetzt, und keine Widerrede! Warum habt ihr nicht die Lehrlinge geschickt?«

»Bitte, wir haben nicht gewusst ...«

»Was heißt: ›nicht gewusst, nicht gewusst‹? Ihr wisst überhaupt nichts? Nur das Gehalt nehmen, das versteht ihr! Für alles übrige lasst ihr den Herrgott und mich sorgen. Schickt die Lehrlinge her!« Es dauerte nicht lange, da kamen die drei Lehrlinge an, schlotternd vor Angst.

Der Kaufmann maß sie vom Scheitel bis zur Sohle.

»Euch ist anzumerken, dass ihr wieder etwas ausgefressen habt, ihr Nichtstuer. Euch schaut ja die Angst aus den Augen! Warum seid ihr nicht gekommen, wenn ihr gesehen habt, dass die Verkäufer alle Hände voll zu tun hatten?«

»Bitte sehr, wir wussten nicht, dass wir kommen sollten.«

»Wir wussten nicht, wussten nicht ... Das sagt jeder. Ihr seid mir in letzter Zeit recht üppig!«

»Bitte sehr, das sind wir nicht!«

»Keine Widerrede! Seid ihr üppig oder nicht?«

»Ja«, flüsterten die Lehrlinge, kaum hörbar.

»Das will ich meinen! Von heute an geht ihr erst um zwei Uhr zum Essen, und außerdem bekommt ihr eine kleinere Portion. Verschwindet!«

Als die Lehrlinge weg waren, erinnerte sich der Kaufmann, dass er am Morgen dem Hausdiener den Auftrag gegeben hatte, das Fass in den Laden zu bringen.

»Der Hausdiener soll kommen!«

Der Hausdiener kam.

»Hören Sie, Kobza, wenn es mir noch einmal vorkommt, dass ich nach etwas frage, und Sie, der Sie es wissen, sagen es mir nicht gleich, sind Sie gekündigt. Haben Sie mich verstanden?«

»Bitte sehr, ich weiß von nichts.«

»Dieses Lied kenne ich schon! Sie können gehen.«

Als der Hausdiener gegangen war, sagte der Kaufmann zu sich selbst: »Am besten ist es, ich gehe nach Hause! Hier würde ich mich noch totärgern. Die Kerle parieren nicht, tun, was sie wollen, geben freche Antworten und sind üppig. Es ist schon ein rechtes Kreuz mit ihnen!«

Eine halbe Stunde später war Václav Pazourek wieder in seiner Wohnung und sagte zu seiner Frau: »Liebling, bist du mir auch nicht mehr böse wegen der Vase? In Zukunft werde ich vorsichtiger sein.«

»Ich bin dir nicht mehr böse, Václav, aber sag selbst, du bist doch ein Tolpatsch, ein rechter Dummkopf, nicht wahr?«, sagte seine Frau zärtlich.

Zögernd kamen über die Lippen des Herrn Pazourek die Worte: »Ja, mein Täubchen!«

Und die beiden Ehegatten umarmten einander herzlich.

10. Lektion

Des Menschen bester Freund

DER HUND DES
HERRN HAUPTMANN

Der Herr Hauptmann hatte eine Überraschung für die Stammtischrunde im Offizierskasino. Und diese Überraschung gelang ihm so vollständig, dass Oberleutnant Vašatka sich vergaß und statt der üblichen deutschen Bestellung »Ein Bier, Herr Wenzel!« dem Kellner zurief: »Pivo, pane Václave!«

Der Herr Hauptmann, ein eingefleischter Hundefeind, brachte nämlich an diesem Tage ins Kasino einen Hund mit.

»Das ist ein Militärhund, der kommt aus Italien«, erklärte er, als sich die Überraschung etwas gelegt hatte, »den hat mir meine Nichte mitgebracht.«

Oberleutnant Vašatka hatte sich mittlerweile gefasst und sprach nun wieder deutsch: »Bitte, wie ist das zu verstehen: ein Militärhund?«

»Des wissen Sie nicht?«, ließ sich der Hauptmann mit seiner tiefen Bassstimme vernehmen, vor der die ganze Konipanie zitterte. »Dieser Hund gehört zu denen, die sich die italienische Armee in letzter Zeit zugelegt hat, um feindliche Streifen aufzuspüren. Bei den letzten Manövern wurden sie zum erstenmal eingesetzt.«

»Und«, fügte Oberleutnant Křečan, ein großer Zyniker, hinzu, »die Zigeuner in Piemont haben sie mit großem Appetit verspeist.«

Der Herr Hauptmann überhörte absichtlich diese Bemerkung und fuhr fort: »Meine Nichte war nämlich in Turin, und dort ist es ihr gelungen, diesen Hund aufzutreiben. Meine Herren, mit dem muss man italienisch reden, nicht wahr, mio caro?«

Der Hund sprang auf und knurrte.

Dieser Vorfall hatte sich am Nachmittag ereignet. Und bis zum Abend wurde an dem Tisch von nichts anderem gesprochen als von Hunden, und zwar von Militärhunden, von deren Gattung ein Exemplar unter dem Tisch lag und langsam den weißen Handschuh des Herrn Hauptmanns zerbiss, der diesem aus der Tasche gefallen war.

Es war gerade sieben Uhr abends, als der Feldwebel den Raum betrat und salutierte: »Melde gehorsamst, Herr Hauptmann, in unsere Fahne haben sich Motten einge-nistet!«

Das war das zweite aufregende Ereignis dieses Tages.

»Unsere Fahne!« Dieses Wort war für die Soldaten der Garnison – oder sollte es wenigstens sein – ein Wort, das den Rücken straffte.

Wer als Rekrut einrückte, konnte zwar nicht begrei-fen, warum man eigentlich um diese Fahne ein solches Geschrei machte, aber kaum war er einige Tage beim Militär, flüsterte auch er schon mit heiliger Scheu: »Unsere Fahne!«

Diese Fahne war mit einem Geheimnis umgeben. Kein Soldat hat sie je gesehen, nur der Korporal erklärte immer: »Wenn ihr an der Tür vorbeigeht, dort, wo zwei Mann Wache stehen, müsst ihr wissen: Hinter dieser Tür befin-det sich unsere Fahne, nicht ›Fangle‹, Sie dort rechts hin-ten! Mensch, wenn Sie nochmals ›Fangle‹ sagen, lasse ich sie einsperren! Also: unsere Fahne!«

Der Herr Feldwebel wieder wusste von dieser Fahne so viele schöne Dinge zu erzählen: »Sie ist nicht mehr ganz, nur noch etwa die Hälfte ist da, die andere Hälfte hat uns der Feind abgeschossen, aber unsere Kompanie hat mit dieser Fahne immer gesiegt, und wenn der Fähnrich fiel, umklammerte er sie mit letzter Kraft und rief noch im Niedersinken: ›Vorwärts!‹ Das muss sich jeder von euch merken: Die Fahne ist etwas Heiliges, und unsere Fahne ganz besonders. Denkt stets daran: Wenn wir einmal mit dieser Fahne ausziehen, müssen wir siegen; und wenn man uns erschießt, dürfen wir die Fahne nicht loslassen, sondern müssen rufen: ›Vorwärts!‹ – dann werden wir alles leicht schaffen.« So redete sich der Herr Feldwebel in Feuer.

In diese Fahne also hatten sich am 2. Oktober die Motten eingenistet.

Der Herr Hauptmann band sich den Säbel um und verließ mit seinem Hund das Kasino. Der Feldwebel folgte ihnen in ehrerbietiger Entfernung.

»Wie ist das gekommen?«, wandte sich der Herr Hauptmann draußen zum Feldwebel um.

»Die Wache sah heute aus der Kammer, in der sich die Fahne befindet, Motten herausfliegen. In der Kammer hat die Frau Hauptmann ihren Pelz und ihren Muff«, erwiderte der Feldwebel betreten.

»Habe ich Sie nach dem Pelz gefragt?«, polterte der Herr Hauptmann. »Also: In der Fahne sind Motten?«

»Jawohl!«

»Dann muss die Kammer sofort neu geweißt werden. Für diese Zeit kommt die Fahne auf den Flur meiner Wohnung, auf die linke Seite, dort, wo die Sonne hinscheint!« ordnete der Herr Hauptmann an. »Wissen Sie, dort, wo am

Kleiderhaken mein Wollschal hängt, den ich bei kaltem Wetter trage. Bis die Kammer geweißt ist, steht die Wache vor dem Korridor meiner Wohnung. Abtreten!«

Es vergingen einige Tage. Die Kammer wurde geweißt, die Fahne, die »etwas Heiliges« war, stand neben dem Kleiderständer, an dem der Wollschal des Herrn Hauptmanns hing, und der Militärhund lernte inzwischen einige Kunststückchen, zum Beispiel, den Soldaten, wenn sie vom Essenholen kamen, das Kochgeschirr aus der Hand zu schlagen und die Knödel zu verschlingen.

»Das ist ein kluger Hund«, erzählte der Herr Hauptmann im Kasino, »jeden Tag lernt er etwas Neues. Meiner Nichte hat er einige Briefe zerbissen, und nun weint das arme Kind. Kürzlich brachte er mir ein Geldtäschchen ins Zimmer, das er vom Tisch meiner Nichte genommen hatte. Nun bringe ich ihm bei, dass er, wenn ich nach dem Mittagessen im Garten spazierengehe und pfeife, mir meinen Wollschal holt. – Die Militärhunde haben im Krieg eine große Zukunft. Diese Rasse verfügt nämlich über einen sehr feinen Geruchssinn. Meine Herren, ob Sie es glauben oder nicht – wenn sich meine Nichte ans Klavier setzt, wittert das mein Hund, noch ehe sie zu spielen anfängt, und beginnt zu heulen, selbst wenn wir vor der Stadt sind.«

Der Herr Hauptmann beherrschte vorzüglich das Offizierslatein.

»Aber das werden Sie mir sicherlich nicht glauben wollen: Vor unserer Fahne hat er große Hochachtung und macht vor ihr Männchen. Kurz und gut«, fuhr der Herr Hauptmann fort, »ich habe Hunde nie ausstehen können, aber diesen habe ich wirklich gern. Meine Herren, betrachten Sie nur seine Augen! In diesen Augen ist ein solcher Ausdruck von Klugheit, dass, wenn einer nur diese Augen sähe, er nicht sagen würde, es seien die Augen eines Hundes.«

Wenige Tage später sagte der Herr Hauptmann im Kasino mit ernster Stimme: »Ich weiß, dass Sie mir nicht alles geglaubt haben, was ich Ihnen von meinem Hunde erzählte. Um Ihnen den Beweis zu liefern, dass der Hund wirklich so klug ist, wie ich Ihnen gesagt habe, lade ich Sie alle ein, morgen nach dem Mittagessen, etwa um zwei Uhr, zu mir in den Garten zu kommen. Ich stelle mich dann in die Mitte des Gartens, pfeife meinem Hund – und Sie werden sehen: Im Nu ist er da und bringt meinen Wollschal.«

An diesem Tag verließ der Herr Hauptmann das Kasino früher als sonst und machte mit dem Hund noch einige Versuche, die zufriedenstellend verliefen.

Der Schal war aber ganz staubig geworden. »Das Dienstmädchen soll den Schal ausklopfen!«, sagte er beim Abendessen zu seiner Frau.

Am nächsten Tag ging der Herr Hauptmann um zwei Uhr nachmittags in den Garten. Noch einmal erklärte er den vollzählig versammelten Offizieren: »Ich stelle mich jetzt in die Mitte des Gartens und pfeife. Im nächsten Augenblick ist mein Hund da und bringt mir meinen Wollschal. Also Achtung – ich pfeife!« Er tat es.

Eine Weile geschah nichts.

»Was macht denn das Mistvieh heute?«, schrie der Herr Hauptmann.

»Er kommt ja schon und trägt etwas im Maul«, bemerkte einer der Anwesenden.

Das Gestrüpp teilte sich, und vor der überraschten Gesellschaft legte der Militärhund des Herrn Hauptmanns die heilige Fahne nieder, die weit mehr zerrissen war als zuvor.

Mit einem Satz war der Herr Hauptmann am Haus und mit einigen weiteren Sätzen in seiner Wohnung. Auf dem Korridor stand neben dem leeren Kleiderständer die Fahnenstange mit den Resten des schmutzigen Fahnentuches.

»Wo ist mein Schal?«, schrie er in die Küche, wo sich seine Nichte zu schaffen machte.

»Den hat vor ein paar Minuten das Dienstmädchen zum Klopfen geholt.«

Als der Hund den Schal nicht am Kleiderständer fand, hatte er die Fahne von der Stange gerissen und sie gehorsam gebracht, damit sich der Herr Hauptmann das Fahnentuch um den Hals schlingen könnte.

Es dauerte nicht lange, da holte ein Hundehändler den Militärhund ab und verkaufte ihn an eine Milchfrau.

EHELICHE UNTREUE

Herr Bachstelze, jener, dem am rechten Vorderfuß eine Kralle fehlt, was ihm gewisse Schwierigkeiten bereitet, wenn er sich würdevoll aufrichten will, freute sich sehr, als er in seinem Nest das erste Ei fand.

Seine kleine Frau hatte ebenfalls große Freude, obwohl sie, als sie dieses sonderbare Ding in ihrer Wohnung zum erstenmal erblickte, steif und fest behauptete, das alles hätte ihr nur geträumt. Sie sagte, sie hätte nur für kurze Zeit die Augen zugemacht, und als sie sie wieder öffnete, hätte sie dieses sonderbare runde Ding von gelblichweißer Farbe entdeckt, das sich von dem satten Grün des Grases scharf abhob, mit dem das Nest ausgepolstert war und das Herr und Frau Bachstelze aus Langerweile Tag für Tag erneuerten.

Über ihnen rauschten die Kronen der Rotbuchen, und nur eine Weißbuche unterbrach das farbige Gewirr ihrer Zweige und Blätter. Im Wipfel dieses Baumes hatten sie ihr Nest gebaut, nicht besonders groß, aber doch recht kunstvoll geflochten. Es war für sie immer eine große Freude, wenn sie beobachten konnten, wie ihr Nest hoch oben hing, durch zahllose Blätter dem spähenden Auge von unten verborgen.

Zwar gab es weit größere Nester als das ihre, und ihr Nachbar, der Specht, rühmte sich immer, wenn er mit ihnen zusammentraf, er bewohne im Vergleich zu den Bachstelzen einen wahren Palast.

Aber sie liebten ihr Heim, das sie in ehrlicher Arbeit gebaut hatten, und nicht wie der Specht, der sich in das Nest einer jungen Eule setzte, nachdem er sie daraus vertrieben hatte. Freilich durfte man ihn nicht etwa deshalb einen Rohling oder einen frechen Eindringling heißen; zumindest sagte er überall, wo die Rede darauf kam, ihm hätten eben die Augen der jungen Eule nicht gefallen.

Übrigens empfand das keiner der Vögel als große Affäre, denn niemand liebte das komische Eulenjunge, dessen Eltern in eine Falle gegangen waren. Man behauptete auch, die Eule fresse sogar Mäuse. Pfui!

Als die junge Eule ihre Wohnung von dem Specht besetzt fand, setzte sie sich verschlafen auf einen Buchenzweig, plusterte sich auf, streckte ihre Krallen vor und blinzelte. Hernach nickte sie ein, denn es war schon heller Tag, und so schlief sie mit gesträubtem Gefieder, bis es Abend wurde. Dann flog sie unter dem durchdringenden Geschrei der übrigen Vögel, die auf ihr Erwachen gewartet hatten, davon.

Der jungen Eule war traurig zumute, weil ihr alle Vögel gram waren. Später wurde im Walde von ihr behauptet, der Heger habe sie gefangen, als sie bei Nacht gegen die Scheibe flog. Mag es gewesen sein wie immer, jedenfalls erzählte der Specht allen, er habe ihre Augen nicht ausstehen können.

Der Specht war überhaupt ein sonderbarer Patron. Manchmal schloss er sich von der Umwelt ab, dann wieder benahm er sich auffallend fröhlich. Alle sagten, er sei eben ein Sonderling.

Zu seinen Gewohnheiten gehörte es auch, andere zu verleumden, und dabei machte er ein ganz ernstes Gesicht, als wäre alles, was er sagte, heilige Wahrheit.

Als Herr Bachstelze ihm als seinem unmittelbaren Nachbarn mitteilte, er brüte ein Ei aus, das seine Frau gelegt habe, flog er hin, um es sich anzusehen. Dann aber nahm er ihn beiseite.

»Lieber Freund«, sagte er zu ihm, »mir scheint, das Ei ist etwas zu groß. Ich weiß wirklich nicht, was ich davon halten soll. Mir kommt die Sache etwas sonderbar vor. Vorläufig möchte ich Ihnen noch nicht sagen, was ich vermute. Sie werden schon noch sehen. Sollten Sie irgendwelche Zweifel hegen – seien Sie versichert, ich bekomme alles heraus! Kopf hoch, lieber Freund, machen Sie sich einstweilen nichts aus dem, was ich Ihnen gesagt habe, vielleicht ist es nur ein dummer Gedanke – na, aber ich weiß nicht.«

Niedergeschlagen kehrte Herr Bachstelze zum Nest zurück und setzte sich traurig auf das Ei. Er war so ärgerlich, dass er seine Frau, als sie herbeigeflogen kam, um ihn abzulösen, grob anfuhr: »Wo steckst du denn so lange, glaubst du etwa, ich hätte meine Zeit gestohlen? Ich habe heute noch viel vor, ich muss eine Eiche am Bach aufsuchen, dort soll es viel Raupen geben!«

Seine junge Frau brach in Tränen aus, er aber klapperte böse mit dem Schnabel und flog davon.

Den ganzen Weg quälte ihn die Frage, warum das Ei wohl größer war, als es sonst bei Bachstelzen der Fall ist.

Er machte auf einer jungen Birke Rast und trank so viel von dem jungen Birkensaft, der aus einer von Dorfjungen geschlagenen Wunde des Baumes sickerte, dass er betrunken wurde und nur im Zickzackflug in seine Wohnung zurückfand. Dort hackte er nach seiner Frau und drohte, auch das Ei zu zerhacken.

»Schwöre mir«, sagte er mit lallender Stimme, »dass du mit keinem etwas gehabt hast und dass dieses Ei sozusagen unser gemeinsames Eigentum ist!«

Sie schwor es mit beiden Flügeln, und er beruhigte sich.

Als er hernach einschlief, träumte ihm, er sehe seine Frau mit einem Drosselmännchen durch den Wald fliegen.

Beim Erwachen schämte er sich dieses Traumes.

Die ganze folgende Woche war er ruhig, und er erklärte dem Specht: »Wir werden ja sehen, was aus dem Ei auskriecht.«

Eine Woche darauf pickte sich ein Junges durch die Schale. Ein kleines, hübsches Junges, das, kaum dass es trocken war, in einem fort den Schnabel aufsperrte.

Am ersten Tag fraß es noch nicht besonders viel, am nächsten Tag schon mehr, und am dritten ungeheure Mengen.

»Kommen Sie doch bitte und schauen Sie nach unserem Kind«, sagte Herr Bachstelze erschrocken zu Nachbar Specht, »wir können es schon jetzt nicht mehr satt bekommen.«

Der Specht schüttelte nachdenklich den Kopf, als er den kleinen Nimmersatt erblickte.

»Warten Sie noch eine Woche«, sagte der Specht zu Herrn Bachstelze, »dann werde ich Ihnen ganz genau sagen, was los ist. Für heute nur so viel – aber halten Sie sich fest, damit Sie nicht umfallen – eine junge Bachstelze sieht nicht so aus!«

Als am Abend dieses Tages seine Frau dem jungen Familienmitglied ein Lied nach dem andern sang, damit es endlich einschlafe und nicht dauernd seinen ewig hungrigen Schnabel aufsperre, fauchte Herr Bachstelze böse: »Sei endlich still, du Miststück!«

»Also, was ist mit dem Jungen?«, fragte nach einer weiteren Woche Herr Bachstelze ganz niedergeschlagen Nachbar Specht. »Was sagen Sie zu diesem Burschen, der ist ja schon um einen Kopf größer als ich!«

»Herr Nachbar«, meinte der Specht ernst, »das ist keine Bachstelze, das ist etwas anderes! Ihre Frau hat sich mit jemandem vergessen. Das ist ein ganz anderer Vogel als Sie.«

An diesem Tage kam Herr Bachstelze überhaupt nicht nach Hause. Er kehrte erst am nächsten Morgen zurück und stellte mit Entsetzen fest, dass das Junge im Nest wieder um ein Stück gewachsen war.

»Du nichtsnutziges Weib«, sagte er zu seiner Frau, »hast dich mit jemandem vergessen. Du musst eine sonderbare Bekanntschaft gehabt haben.« Dann nahm er seine Zuflucht zu dem alten System aller Ehemänner: »Ich weiß alles.«

Sie beschwor ihn. Er aber erregte sich so, dass er aus dem Nest fiel und fortflog, um nie wiederzukehren.

Nun sitzt er auf unserem Gartenzaun, und oft schon kamen die Vögel aus der Umgebung vorbei, um ihm zu sagen, das, was sie ausgebrütet hatten, sei ein junger Kuckuck gewesen, und es sei doch bekannt, dass der Kuckuck seine Eier immer in fremde Nester legt.

Doch Herr Bachstelze bezeichnet das als ein dummes Märchen und sagt: »Wissen Sie, darauf falle ich nicht herein. Warum sollte sie nicht ein Techtelmechtel mit einem Kuckuck gehabt haben?«

VON DER HENNE,
DIE EINE IDEALISTIN WAR

So eine Henne war das. Da ging sie zum Beispiel im Garten spazieren und fand einen kleinen runden Kieselstein. Gleich setzte sie sich darauf und vermeinte, ein Huhn auszubrüten.

Was hatte sie deshalb schon alles von den übrigen Hennen und von dem schwarzen Hahn zu hören bekommen! Da hieß es, sie sei ein Dummkopf, es fiel auch das Wort Blödian, und schließlich pflanzte sich der Hahn vor ihr auf und erklärte, sie sei eine unverbesserliche Idealistin. Sie aber sagte, das gehe niemanden etwas an.

Und wieder ging sie so lange im Hof spazieren, bis sie eine Glaskugel fand, mit der die Kinder gespielt hatten. Wieder setzte sie sich darauf, saß lange und glaubte, sie würde Gott weiß was für ein schönes Huhn ausbrüten.

Die größeren Kücken, diese Gassenjungen, gingen vorbei und lachten sie aus. Und ein kleines, verkrüppeltes Kücken, das hinkte, aber dabei furchtbar bösartig war, spuckte sogar vor ihr aus und setzte sich dann auf ein Steinchen, äffte sie nach und verspottete sie.

Da stolzierte der schwarze Hahn herbei und schaffte Ordnung. Er zauste das Kücken und zauste die Henne, die eine Idealistin war. Hernach hielt er eine Rede, in der er die Jugend in Grund und Boden verdammte.

»Kind, was soll einmal aus dir werden?«, sagte er zu dem bösartigen Kücken. »Was soll aus dir werden, wenn du erst groß bist? Dann wirst du tratschen, die anderen verleumden, die Hähne werden dir die Federn ausreißen, und du siehst dann aus wie ein gerupftes Huhn. Dann fängt man dich ein, und du wanderst in die Pfanne. – Sie aber«, wandte er sich der Idealistin zu, »lassen Sie endlich solche Dummheiten! Alle lachen Sie ja nur aus und machen sich über Sie lustig. Was wollten Sie doch schon alles ausbrüten! Da saßen Sie auf einem Stiefelknecht, auf der Mütze unseres Bauern, auf einer Zwetschke, einer Kirsche, auf dem Fingerring, den unser Fräulein verloren hatte, und so haben Sie sich um den Genuss gebracht, auf richtigen Eiern zu sitzen. Glauben Sie denn, ich weiß nicht, dass Sie bisher kein einziges Ei gelegt haben? Wir haben Sie schon lange durchschaut. Wenn die Bäuerin kommt, setzen Sie sich manchmal auf ein fremdes Ei, das eine andere Henne gelegt hat. Die vertreiben Sie und plustern sich über fremdem Besitz auf. Wissen Sie denn, dass Sie ganz durchgedreht sind und schon einmal auf einer toten Maus gesessen haben? Und wie war es mit dem Ameisennest, das Sie ausbrüten wollten? Was haben Sie schon davon? Wenn die Bäuerin daraufkommt, dass Sie zu nichts taugen, dass Sie alles nur markieren, nimmt es mit Ihnen ein böses Ende! Dann schlachtet man Sie wie alle meine früheren Frauen, wenn sie keine Eier mehr legten. Übrigens sind Sie trotz Ihrer geistigen Beschränktheit ganz hübsch frech. Wenn eine meiner jetzigen Frauen Eier legt, sind Sie schon zur Stelle, gackern laut und setzen sich auf das Ei, damit die Bäuerin denkt, es sei Ihre Arbeit. Sie Nichtsnutz, Sie Legekrüppel! Sie sind mir auch sonst durch Ihre Koketterie zuwider. Dauernd haben Sie den Schnabel in Ihrem Federkleid und schauen nach mir, ob ich auch sehe, wenn Sie sich schön machen. Da denken

Sie wohl: ›Diesen Dummkopf werde ich schon noch herumkriegen!‹ Aber da haben Sie sich geirrt. Meinen Sie, ich habe nicht bemerkt, dass Sie Läuse haben? Wenn ich mich mit Ihnen einließe, bekäme ich sie auch. Dann würden Sie mich schön auslachen, wenn ich auch nach Läusen pickte! Ich kenne meine Pappenheimer, meine Liebe! Sie sind falsch, und dabei sind Sie noch eine Idealistin. Aber warten Sie nur, bis Ihnen das Fräulein auf die Schliche kommt, dann marschieren wir alle an der Küche vorbei, und Sie, meine Liebe, schmoren drinnen in der Pfanne. Die anderen Hennen werden fragen: ›Was riecht denn da drin so gut?‹ Und ich werde ihnen antworten: ›Ihr wisst doch, dieser Dummkopf!‹ – Aber was hilft das alles, wenn ich Sie auch ermahne? Nicht einmal Strafen richten bei Ihnen etwas aus. Als Sie kürzlich den Maikäfer ausbrüten wollten, habe ich Sie blutig gehackt. Aber ob ich mit Ihnen wie ein Engel oder wie ein Teufel rede, es ist alles eins! Da laufen Sie herum wie ein dummes Schaf, und plötzlich setzen Sie sich auf ein paar Ziegenperlen und flüstern: ›Meine goldenen Hühnerchen, meine lieben Kinderchen!‹ Wissen Sie, was Sie sind? Eine saublöde, unverbesserliche Idealistin!«

Die gescholtene Henne lief in den Garten, pickte und weinte. Sie nahm sich vor, sich zu bessern, damit der schwarze Hahn sie gern hätte. Er war so schön und fürchtete sich nicht einmal vor des Nachbars Katze. Und er war so schwarz und konnte so schrecklich schön krähen …

Als sie so jammerte, kam ein weißer Kapaun und fragte sie, ob sie nicht wisse, wann die Kapaune geschlachtet werden. Sie sagte, erst in einem Monat, und er entgegnete, darüber sei er froh.

Dann kamen sie ins Reden, und er vertraute ihr an, er habe perverse Gelüste und glaube manchmal, er sei eine Glucke.

Einmal – es sei aber schon lange her – sei er beim benachbarten Gasthaus aufs Fenster geflogen und habe von dort aus Kugeln auf dem Billardtisch gesehen. Er sei hingeflogen und habe sich daraufgesetzt, um sie auszubrüten. Dabei habe er das Billard verunreinigt und dürfe jetzt nicht mehr ins Gasthaus und dort die Brösel unter den Tischen aufpicken. Als sich der Kapaun ihr anvertraut hatte, ging er seines Weges, und die Henne blieb wieder allein.

Alle ihre guten Vorsätze waren vergessen. Sie kannte die Kugeln auf dem Billard. So schöne Eier: eines rot, eines weiß und eines mit einem Punkt! Sie hatte auch schon versucht, diese Eier auszubrüten, doch immer hatte man sie verjagt.

Wieder ging sie auf den Hof, hielt den Kopf gesenkt, der voller Ideale war und flüsterte: »Meine goldenen Hühnerchen!«

Schließlich flog sie auf den Zaun gegenüber dem offenen Kammerfenster und blickte sich um. Und was sah sie da? In der Kammer stand auf dem Tisch ein Körbchen, und darin lagen wirkliche Eier. Wie schön die waren! Gelb, rot, blau, grün, und andere wieder bemalt, mit roten und blauen Zeichnungen auf gelbem Grund.

»Das gibt aber schöne Hühner!«, dachte sie bei sich. »So schön, wie sie die Welt noch nicht gesehen hat. Die werde ich ausbrüten, und wenn ich die Kücken dann zum erstenmal ausführe, bringe ich sie zu dem schwarzen Hahn und sage zu ihm: ›Bitte, gnädiger Herr, schauen Sie her! Sie sehen, ich bin kein Affe, wie Sie gesagt haben, und auch kein Blödian! Diese Legion von Hühnern, das ist mein Werk, bitte sehr!«

Und die Henne, die eine Idealistin war, erhob sich schwerfällig in die Luft und flatterte zu den bemalten Eiern in die Kammer, zu den hartgekochten Eiern im Korb. Sie war eben eine unverbesserliche Idealistin!

Als man sie entdeckte, plusterte sie sich auf und hackte nach dem Fräulein, das sie wegscheuchen wollte.

Der junge Bauer wurde böse und sagte: »Die beobachte ich schon lange und merke, dass sie immer so sonderbare Sachen macht. Morgen bekommen wir Gäste, da werden wir sie braten.«

Arme Henne, arme Idealistin!

Als am nächsten Tage der junge Bauer ihren Schenkel abnagte, sagte er zu seiner Schwester: »Als Glucke hätte sie vielleicht hervorragend sein können, aber ihr Fleisch ist zäh!«

Und das sagte er gerade in dem Augenblick, als der schwarze Hahn seine Hennen vor der Küche versammelte und selbstbewusst zu ihnen sprach: »Habe ich es ihr nicht oft genug gesagt? Nun ist sie in der Pfanne …«

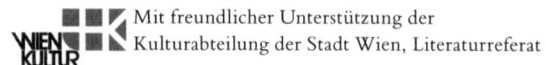 Mit freundlicher Unterstützung der
Kulturabteilung der Stadt Wien, Literaturreferat